Zeichen des Lebens

Willi Hoffsümmer

Zeichen des Lebens

77 Ansprachen mit Symbolen
für Trauergottesdienste und Beerdigungen

Schwabenverlag

VERLAGSGRUPPE PATMOS

PATMOS
ESCHBACH
GRÜNEWALD
THORBECKE
SCHWABEN
VER SACRUM

Die Verlagsgruppe
mit Sinn für das Leben

*Herzlichen Dank an Frau Hilde Görke,
die fast alle meine Manuskripte wohlwollend
und kritisch bis zum Druck begleitete*

MIX
Papier aus verantwortungsvollen Quellen
FSC® C083411
www.fsc.org

Klimaneutral
Druckprodukt
ClimatePartner.com/14549-2003-1001

Für die Schwabenverlag AG ist Nachhaltigkeit ein wichtiger Maßstab ihres Handelns. Wir achten daher auf den Einsatz umweltschonender Ressourcen und Materialien.

Verlagsgruppe Patmos in der Schwabenverlag AG, Ostfildern
www.schwabenverlag-online.de

Umschlaggestaltung: Finken & Bumiller, Stuttgart
Umschlagabbildung: © delia giandeini / unsplash
Satz und Repro: Schwabenverlag AG, Ostfildern
Druck: CPI books GmbH, Leck
Hergestellt in Deutschland
ISBN 978-3-7966-1812-3

Inhalt

Anhang

Vorwort

Die Begräbniskultur hat sich rasant verändert: Vom Friedwald über Seebestattung bis zur anonymen Beerdigung, vom farbenfrohen Sarg bis zur üppig gestalteten Urne gibt es für die Hinterbliebenen heutzutage ein reiches Angebot. Was die Ausführungen angeht, ist manches davon in meinen Augen schon ein wenig gewöhnungsbedürftig. So besuchte ich eine Sargmalerin, die eine Anzahl von Särgen und Urnen zur Ansicht bereitstehen hatte: Schmetterlinge über Blumenwiesen, die schwarze Heimatstadt-Silhouette unterm Sternenhimmel, fliegende Vögel über geschwungenen Ornamenten und spielende Delfine, um die beliebtesten Motive zu benennen. Es muss nicht gleich ein Sarg mit den Farben des geliebten Fußballclubs sein – wie Fans sich oft nahe der Dortmunder Arena beerdigen lassen –, aber dass bei der Trauerfeier eine Urne als Fußball steht, ist nicht selten.

Es kommt darauf an, auch hier vorurteilsfrei auf die Angehörigen zuzugehen, die häufig keinen unmittelbaren Zugang mehr zur Kirche und den christlichen Symbolen im engeren Sinn haben und auf Trauerkarten, in Anzeigen oder eben auf dem Sarg oder der Urne Symbole verwenden, die ihnen persönlich näher stehen oder einen Bezug zum verstorbenen Angehörigen erkennen lassen. Es fällt ja schon länger auf, dass Todesanzeigen immer weniger Kreuze zeigen, dafür aber oft naturnahe Motive. Solche Motive wie einen Baum mit gebrochenem Ast, ein Ginkgoblatt oder einen Regenbogen christlich auszudeuten, ist mir schon lange ein Anliegen.

Auch wenn die Bitte nach einer christlichen Trauerfeier geringer wird, sind Beerdigungen für Seelsorgerinnen und Seelsorger nach wie vor eine große Chance, Menschen anzusprechen und in ihrer Trauer zu begleiten, die keinen oder nur noch wenig Kontakt mit der Kirche haben. Ich mache dabei immer wieder die Erfahrung, dass gerade Symbole, die häufig von den Betroffenen selbst gewählt wurden – wie eine Rose, eine Sonnenblume oder Kraniche –, ein positives Echo auslösen.

Rund 70% aller Bestattungen sind Urnenbeisetzungen, so neueste Schätzungen. Deshalb greifen viele Ansprachen Symbole auf, die häufig für die Urnengestaltung ausgewählt werden, aber eben auch bei der Traueranzeige oder auf dem Totenzettel (Sterbebildchen), und sich deshalb ebenso gut für Trauergottesdienst und Beerdigung eignen. Daneben finden Sie Predigten mit Symbolen, die mehr bei der einen oder anderen Bestattungsform Verwendung finden.
Einige Traueransprachen stellen den jahreszeitlichen Bezug her und verwenden entsprechende Symbole.
Ich würde mich freuen, wenn Sie sich von dieser Form der Traueransprachen anregen ließen und sie in die konkrete Situation umsetzen, denn sie wollen die Menschen in ihrer Trauer ernst nehmen, vor allem aber – mit Blick auf die Auferstehung – Trost spenden.

Willi Hoffsümmer

Ansprachen mit Symbolen

Hinweise

1. Bei Traueransprachen und Begräbnisfeiern: Es muss nicht immer das Symbol mitgebracht werden. Sie können auch sagen: Auf einer Todesanzeige habe ich einmal folgendes Symbol gesehen … Obwohl davon zu erzählen *und* es vorzuzeigen ein großer Unterschied ist!
2. Die angegebenen Verweise bei den Lesungsvorschlägen beziehen sich auf: »Die Feier der Heiligen Messe – Lektionar. Messlektionar Band VII: Sakramente und Sakramentalien. Für Verstorbene«, Verlag Herder, Freiburg, 1. Auflage 2020 (= Lektionar VII) und »Die kirchliche Begräbnisfeier in den Bistümern des deutschen Sprachgebietes«, 2009, ²2010 (= Die Begräbnisfeier)
3. Um der besseren Lesbarkeit willen und um die ständige Wiederholung von m/w/d zu vermeiden, variiert bei den Ansprachen jeweils das Geschlecht.
4. Abkürzung: L. = Leiter/Leiterin.

Trauergottesdienst, Beerdigung und Urnenbeisetzung

1. Aufbruch zu einer Reise ins Licht

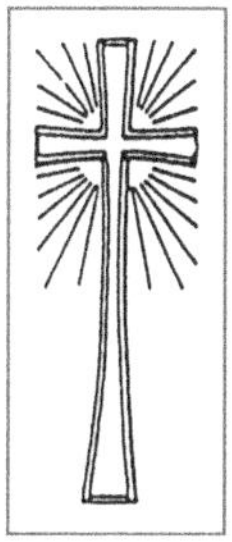

Symbol/Vorbereitung
Sonne hinter einem Kreuz.

Lesungen
Kol 2,12–14: Jesus hat unseren Schuldschein durchgestrichen.
Joh 8,12: Ich bin das Licht der Welt.

Ansprache
Sie haben, liebe Trauernde, in Ihrer Todesanzeige als Symbol hinter das Kreuz eine Sonne gesetzt (oder das Kreuz in eine aufgehende Sonne gesetzt). Damit wollten Sie sagen: Wir glauben an die Herrlichkeit nach allem Leid; wir vertrauen auf die Ostersonne. Oder anders ausgedrückt: Der Tod ist nicht das Ende des Lebens, sondern der Beginn einer Reise ins Licht. Das Kreuz durchkreuzt die Maßstäbe unserer Welt. Was als Hinrichtungswerkzeug gedacht war, wird zum Siegeszeichen.
Unzählige Geschichten erzählen von der positiven Wirkung dieses Kreuzes. Zwei darf ich Ihnen in dieser Stunde der Trauer erzählen; nicht um die Trauer abzukürzen, sondern um schon das Licht am Ende des Tunnels anzudeuten:
Da wollte ein Mensch seinen Schatten loswerden. Aber was auch immer er anstellte, es gelang ihm nicht: Er konnte nicht über seinen Schatten springen. –
Sie kennen diese symbolische Sprache: Mit »Schatten« sind all unsere Unzulänglichkeiten gemeint, unsere Schuld, alles Zerbrochene im Leben. Einiges davon wird auch der Verstorbene jetzt in Händen halten.
– Wie geht die Geschichte weiter?
Ein weiser Mann kam hinzu und sagte: »Versteh ich nicht! Er hätte sich doch nur in den Schatten eines Baumes zu stellen brauchen!« Und

christlich gedeutet: Er hätte sich in den Schatten des Kreuzes stellen können!
Das darf der Verstorbene – wie alle, die vor ihm gegangen sind – in dieser Stunde: seine Schuld als Schuldbrief ans Kreuz heften. Jesus nimmt ihn ab und streicht ihn durch, wenn wir ihm vertrauen. So haben wir es eben in der Lesung gehört (Kol 2,14). Was für eine gute Nachricht!
Die zweite Geschichte erzählt davon, dass alle Menschen mit ihren Kreuzen unterwegs waren und sich unter ihrer schweren Last abmühten. Auch Ihr Mann, Ihr Vater, hatte sein Kreuz zu schleppen *(hier Genaueres sagen).* Einem Menschen war sein Kreuz zu schwer und zu lang: Er sägte kurzerhand ein Stück ab.
Nach langer Pilgerschaft kamen alle an den letzten Abgrund. Keine Brücke führte ins jenseitige Land, das endlich Frieden versprach und Freude und Gottes sichtbare Nähe. Nach kurzem Zögern legten alle ihre Kreuze über den Abgrund. Und siehe: Sie passten gerade. Der aber ein Stück abgesägt hatte, stand jetzt betroffen da und verzweifelt.
Eine starke Geschichte, die uns motivieren kann, auch unsere Trauer und Schwierigkeiten jetzt durchzutragen.
Da ist die Auferstehungssonne. In ihrem Licht bleibt keine Mühe umsonst. In ihrem Licht dürfen wir auch für das Lichtvolle in unserem Leben danken, das in Gottes Herrlichkeit erst recht aufleuchten kann. Auch im Leben des Verstorbenen gab es diese lichten Stunden *(Genaueres einbringen),* für die wir Gott herzlich danken.
Die Kreuze dieser Welt werden von der Auferstehungssonne beleuchtet. Das ist unser Glaube. Bis wir einmal selbst die Herrlichkeit schauen dürfen.

2. Das Licht Gottes weitergeben

Symbol

Eine Sonne, ca. 40–50 cm groß.

Hinweis

Bei einem Menschen, der große Ausstrahlung besaß.
Auch besonders im November und um die Feste Allerheiligen und Allerseelen oder um den Gedenktag der hl. Edith Stein am 9. August.

Lesungen

1 Joh 1,7–10: Liebe überwindet alle Finsternis.
Joh 8,12 und Mt 5,14–16: Wer sich an der Sonne Jesus Christus orientiert, gewinnt an Ausstrahlung.

Ansprache

Diese kleine Sonne *(L. zeigt sie)* habe ich mitgebracht, um aufzuzeigen, dass die Verstorbene N. N. eine Ausstrahlung besaß, die uns alle anzog. *(Beispiele: Sie hatte viele Freundinnen und Freude; sie war immer von Kindern umlagert …)* Es ist ja schon bei kleinen Kindern so: Sie laufen immer zu dem, der für sie eine größere Ausstrahlung besitzt: die Mutter-Sonne, die Opa-Sonne …
Eine Ausstrahlung zu besitzen, deutet auf die verborgene Leuchtkraft der Seele. Wir kennen das von den Heiligen: Warum sind St. Martin, St. Nikolaus oder die hl. Elisabeth von Thüringen bis heute unvergessen? In unseren Kirchen haben diese und andere Heilige oft einen erhöhten Platz, weil sie uns Orientierung geben können. Und was sagt uns der Heiligenschein? Es ist ganz leicht, sehen Sie: *(L. hält die Sonne hinter seinen Kopf)* Aus diesen Menschen leuchtet eine kleine Sonne.
Obwohl die Helferinnen und Helfer der Menschheit immer wieder betonten, dass sie selbst Schatten in sich tragen, besonders den, hinter ihren Möglichkeiten zu bleiben und nicht noch mehr helfen zu können – dennoch: Sie zeigten immer Liebe und leuchteten.

Auch in jüngerer Zeit erleben wir Menschen im Zauber ihrer Persönlichkeit, zum Beispiel die jüdische Ordensschwester Edith Stein, die 1942 im Konzentrationslager Auschwitz-Birkenau ermordet wurde. Als sie noch unterrichtete, sagten die Schülerinnen von ihr: »Es strömte etwas von ihr aus, das uns anzog. Wir konnten ihr alle Sorgen und Geheimnisse anvertrauen.« Edith Stein selbst sagte dazu: »Je gesammelter ein Mensch im Innersten seiner Seele lebt, umso stärker ist die Ausstrahlung, die andere in ihren Bann zieht.«
N. N. hätte mir sicherlich verboten, von ihrer Ausstrahlung zu erzählen. Aber wenn von ihrer Sonne so viele Strahlen ausgingen, dann darf und muss ich sie in dieser Stunde auch nennen. *(Jetzt einiges aufzählen, was an ihr faszinierte)*
Woher kamen ihre Strahlen, ihre Strahlkraft? Ich denke, auch, weil sie sich an der Sonne Jesu Christi orientierte. Bei ihm holte sie sich Kraft, wenn sie ausgebrannt war. Und es war ihr wichtig, diesen Glauben auch weiterzugeben an die Menschen in ihrer Umgebung, an ihre Kinder und Enkel.
So lassen wir unsere Sonne N. N. dankbar los und wünschen ihr, dass die Sonnenstrahlen Gottes jetzt ihre Seele erfüllen.
(L. lehnt die Sonne gegen einen Leuchter oder das Blumengebinde auf dem Altar/am Sarg)

3. Die Sprache einer Grabstätte

Symbol

Eine Grabstätte mit Grabstein, (Behelfs-)Kreuz, Erde, Blumen, Weihwasser, Grablicht.

Hinweis

Besonders geeignet bei Trauerfeiern für Verstorbene, über die nur wenig Persönliches bekannt ist.

Lesungen

Jes 43,1–7: Fürchte dich nicht, ich habe dich beim Namen gerufen; du gehörst mir!

(Siehe Messlektionar VII, S. 423; Die Begräbnisfeier, S. 206)

Joh 11,21–27: Ich bin die Auferstehung und das Leben.

(Siehe Messlektionar VII, S. 493; Die Begräbnisfeier, S. 276)

Joh 14,1–2: Im Haus meines Vaters sind viele Wohnungen.

Ansprache

Wenn wir auf einem Friedhof sind, gehen wir oft achtlos an den vielen Gräbern vorbei.

Heute stehen wir nun an dem vorbereiteten Grab von N. N. Wir schauen genauer hin: Solch eine Grabstätte kann uns viel über Leben und Tod sagen:

1. Auf dem Grabstein, der hier (wieder) aufgerichtet wird (*alternativ:* an der Urnenstele), stehen Geburtsdatum und Todestag/Todesjahr: der Zeitrahmen, in den ihr Leben eingespannt war. Wir wählen den Stein oder das Metall, um auszusprechen: Ihr Leben war nicht ein Blatt im Wind. Wir möchten uns noch Jahre an ihr Leben erinnern, in dem sie sich dem Guten zugeneigt hat *(evtl. Einzelheiten nennen).*
2. Wir schauen auf das Kreuz. Der Balken in der Mitte weist zuerst nach unten: Wir kommen aus der Erde. Wir sind mit der Erde verwurzelt. Der Balken wächst nach oben, will die Seele, die sie verlassen hat, wie einen Anker in die Ewigkeit Gottes werfen. Das ist ja die Botschaft für alle, die sich Jesus Christus anschließen: Du bist ein Kind der Ewigkeit. Seit der Taufe ist das deine Berufung.
   Der Querbalken des Kreuzes will sagen: Öffne deine Arme auf die Welt hin, auf die Menschen, und sorge bei denen, die sich im Leben angenagelt fühlen, für mehr Gerechtigkeit. Und der am Kreuz wird dich deshalb am Ende umarmen.
3. Wir schauen auf die schwarze Erde, vielleicht einmal zusammengeballt aus der Asche ehemaliger ausgebrannter Sterne. Aus dieser Asche sind wir geworden, und mit Blick auf die Urne können wir sagen: Dann werden wir auch wieder zur Asche. Aber diese Asche

war beseelt vom Atem Gottes. Und daraus wuchs ein unvergängliches Leben – wie aus einer schmerzgekrümmten Raupe ein zauberhafter Schmetterling erwächst.

4. Die Blumen spiegeln die Buntheit des Lebens wider; sie lachen uns an in ihrer Lebendigkeit und Schönheit. Wenn wir Blumen verschenken, schlagen wir Brücken der Liebe und des Miteinanders zwischen Lebenden und Toten. Blumen erinnern uns noch lange an die Verstorbene, die oft, wie ein Blumenstrauß, bunt und voller Leben war.
5. Das Weihwasser, mit dem ich die Verstorbene besprenge, sagte uns schon in der Taufe: Du bist von Gott geliebt. Und im Vertrauen auf Gott konntest du manchmal über das Wasser gehen, hast dem Leben auch mit seinen Abgründen vertraut. Und wenn der Verstorbenen auch manches im Leben wie zwischen den Fingern zerronnen schien, wir dürfen glauben, dass alles erhalten bleibt im Meer der Ewigkeit Gottes.
6. Zuletzt schauen wir auf das Grablicht, das wir immer mal wieder auf ihr Grab stellen. Es zeigt das Leben an: Es verzehrt sich und spendet dabei Licht, und es will auch in der Nacht weiterleuchten. Auch was die Verstorbene an Licht in die Welt gebracht hat, wird nie ganz verlöschen. Ihr Licht wird weiterleuchten in allen, die von ihrem Licht empfangen durften. Und Jesus Christus, der gesagt hat: Ich bin das Licht der Welt, er möge ihr jetzt den Weg ins ewige Zuhause ausleuchten.

Die Symbole an einem Grab können uns viel erzählen, wenn wir das »dritte« Auge haben; das heißt, wenn wir bereit sind, hinter die Wirklichkeit des Lebens zu schauen und auf den zu stoßen, der immer mit uns gehen will. Wie es in der Lesung hieß: »Fürchte dich nicht, denn ich bin bei dir!« Und was sagte Marta im Evangelium?: »Ja, Herr, ich glaube, dass du der Christus bist, der Sohn Gottes!« So möge die Verstorbene jetzt leben im ewigen Frieden.

INSPIRIERT VON MANFRED HANGLBERGER, TRAUERANSPRACHEN, VERLAG FR. PUSTET, REGENSBURG, 4. AUFL. 2017, S. 91–93

4. Rettung durch das Kreuz

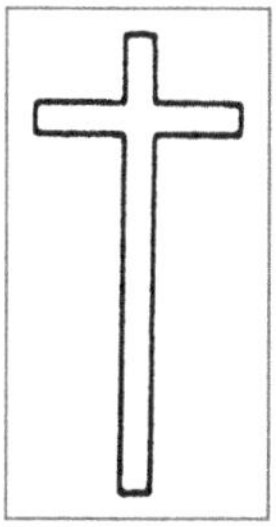

Symbol/Vorbereitung

Ein größeres hölzernes oder metallenes Kreuz.

Lesungen

Kol 2,12–14: Jesus hat unseren Schuldschein durchgestrichen.
Joh 3,14–17: Im erhöhten Menschensohn hat jeder, der ihm vertraut, ewiges Leben.
(Siehe Messlektionar VII, S. 487)

Ansprache

Dieses Kreuz hier möchte ich über das Leben von N. N. stellen.
Zuerst sehen wir auf den *Querbalken.* Er ist Sinnbild für die Nächstenliebe, die nach rechts und links ausströmt; die am Ende zählt. Wir denken an … *(= Kinder, Kindeskinder nennen; wie lange verheiratet, zuletzt seine Frau gepflegt, mit Enkeln gespielt, großzügig; in Gemeinschaften engagiert …)* Wir danken ihm für seine große Liebe. Den Balken der Nächstenliebe kann ich theoretisch rund um den Erdball ausdehnen, er allein kann uns aber nicht erlösen.
Dafür brauchen wir den *Längsbalken.* Wenn wir uns symbolisch den Himmel oben vorstellen, dann ist ein Aufstieg nur über den Längsbalken möglich, der Himmel und Erde miteinander verbindet. Wir haben es in den Lesungen gehört: Der am Kreuz erhöhte Christus will die Menschen nicht richten, sondern retten. Er hat unsere Schuldscheine ans Kreuz geheftet und durchgestrichen.
Im Vertrauen auf Christus ist N. N. durchs Leben gegangen. So wie die Nächstenliebe von der Gottesliebe getragen wird, so hat der Verstorbene all seiner Liebe ein festeres Fundament gegeben, das auch Enttäuschungen verwinden konnte. Hier im Gottesdienst hat er sich immer wieder Kraft geholt. Wenn er an Wallfahrten teilnahm, hat er den Blick auf das Wesentliche gerichtet und sich nicht mit Oberflächlichem aufgehalten. Wir danken ihm für seine Gottesliebe und seine Mitmenschlichkeit.

Das Kreuz durchkreuzt alles, was ist. In den erlittenen Krankheiten und Schicksalsschlägen sind N. N. viele Pläne durchkreuzt worden *(Tod der Frau vor … Jahren, die bedrängenden, zermürbenden Leiden zuletzt …).* Wir dürfen dabei beten: »Erlöse uns von dem Bösen!«, doch leichter wird das Kreuz, wenn wir uns durchringen zu der anderen Bitte im Vaterunser: »*Dein* Wille geschehe!«
Der Satz, den ich eben zitierte, heißt aber vollständig: *Das Kreuz* durchkreuzt alles, was ist, und *macht alles neu!* Wenn wir gleich das Kreuz auf dem Sarg sehen (*oder:* bewusst das Kreuzzeichen machen), eigentlich das große Plus in unserem Leben, dann können wir sagen: Der hier liegt, hat sich im Leben am Kreuz festgehalten, und der am Kreuz hing, wird ihn jetzt festhalten. Das erbitten wir ja hier im Gottesdienst: Nimm N. N. jetzt in deine Arme!

5. Auf dem Holzweg?

Symbol/Vorbereitung
Ein sogenanntes »Behelfskreuz«, ein einfaches Kreuz aus Holz, wie es zunächst auf dem Grab steht.

Lesungen
1 Kor 15,12–22: Ohne die Auferstehung Jesu bleibt unser Glaube letztlich sinnlos.
Lk 7,11–17: Der junge Mann von Naïn steht wieder auf.
(Siehe Messlektionar VII, S. 477; Die Begräbnisfeier, S. 263)

Ansprache
Solch ein einfaches Kreuz aus Holz mit dem Namen des Verstorbenen steht so lange auf dem Grab, bis es durch einen Grabstein ersetzt wird. Mit Blick auf das Holz dieses Kreuzes kam mir – wie allen Zweiflern – der Gedanke: Sind wir mit unserem Glauben an eine Auferstehung auf dem Holzweg? Wir hörten in der Lesung: Wenn Christus nicht auferweckt wurde, dann ist unser Glaube nutzlos, dann sind wir erbärmlicher

dran als alle anderen Menschen! Umfragen sagen: Die eine Hälfte der Deutschen glaubt an die Auferstehung, die andere Hälfte nicht; so ist es selbst bei denen, die noch in die Kirche gehen. Und was nun? Wir befinden uns hier in einem Bereich, in dem uns Vernunft und Diskussion nicht weiterhelfen. Entweder ich glaube oder ich glaube nicht.

Warum soll ich dann nicht positiv denken, wenn es für keine Seite etwas zu beweisen gibt? Wer den Auferstandenen als Sprungbrett seines Glaubens ansieht, ist nicht auf dem Holzweg. Hier einige Beispiele aus der Bibel, die von der Materie »Holz« sprechen und uns Mut machen können:

Es genügt unserem Glauben nur *eine* Planke aus der Arche Noach, um uns retten zu können aus der Flut der Sünde und des Todes (Gen 7). – Denken wir an den Stab des Aaron, der, vor den Pharao geworfen, zur Schlange wurde, die alle anderen Schlangen, die uns Angst machen, verschlingen konnte (Ex 7,12). – Der Stab des Mose teilte das Meer, das die Ägypter verschlang, rettete aber das Volk Gottes (Ex 14,16).

Und König David konnte im Psalm 23 singen, wie wir das auch noch gerne tun: »Der Herr ist mein Hirte … dein Stock und dein Stab geben mir Zuversicht« (Vers 4).

Wir können sogar an das Gleichnis vom barmherzigen Vater denken und an den *hölzernen Trog,* aus dem die Schweine fraßen – während der verlorene Sohn davor saß und langsam den Mut fand, zum Vater zurückzukehren (Lk 15,16f).

Das wünschen wir auch unserem Verstorbenen, ganz gleich, wie oft er hinter seinen Möglichkeiten geblieben ist, dass er sich jetzt aufmacht in die offenen Arme des Vaters.

Denken wir noch an das Holz der Krippe, in die unser Erlöser gelegt wurde. Sie war aus Holz geschnitzt wie das Kreuz, das Marterholz, an dem Jesus hingerichtet wurde. In der Präfation vom Fest Kreuzerhöhung heißt es deshalb: »Der Feind, der am Holze (des Paradiesbaumes) gesiegt hat, wurde auch am Holze besiegt durch unseren Herrn Jesus Christus.«

Wieso also Holzweg mit Blick auf dieses Behelfskreuz? Wir glauben, dass auch Christus einmal zum Verstorbenen und zu uns wie zum jun-

gen Mann von Naïn sagen wird: »Steh auf!« Und deshalb ruft er uns auch zu: »Weine nicht!« Weint nicht wie die ohne Hoffnung. Denn der Tod hat nicht das letzte Wort!
So danken wir, dass wir den Verstorbenen in unserer Mitte haben durften, und für all das, was er uns geschenkt hat. Wir legen ihn jetzt auf die Tragbahre aus Holz vor Jesus hin, damit dieser auch zu ihm spricht: »Steh auf!«

NACH EINER IDEE BEI LOTHAR ZENETTI

6. Die Liebe, vom Kreuz gehalten

Symbol/Vorbereitung
Eine Rose an einem Kreuz.

Lesungen
1 Kor 13,4–8a.13: Was die Liebe vermag.
Joh 11,17–27: Auferweckung des Lazarus.
(Siehe Messlektionar VII, S. 492; Die Begräbnisfeier, S. 274)

Ansprache
In dieser Rose zeige ich Ihnen ein Symbol der Liebe. Wir haben eben dazu die Lesung vom Tag Ihrer Hochzeit vor ... Jahren gehört, in der Sie mit auf den Weg bekamen, was die Liebe vermag.
Diese Liebe hat N.N. bewiesen *(jetzt aufzählen, was an Gutem von ihr ausging),* aber auch in Tagen von Leid und Schmerz hielt diese Liebe stand *(jetzt von den Dornen der Liebe erzählen).*
Wenn wir diese Rose in der Todesanzeige an ein Kreuz wie an einen Stützstock gelehnt sehen, dann lässt uns das an Jesus denken, der uns schon in der Taufe an die Hand nahm. Gerade in den letzten Wochen der Krankheit hat die Verstorbene sich an dieser Stütze des Kreuzes festgehalten. Und wie oft hat sie im Leben gesagt: »Ohne den Herrgott wäre ich da nicht durchgekommen!« Gerade dann, wenn wir das Kreuz zu spüren bekommen, hilft uns der Blick auf den, der sein Kreuz durch-

trug. Dann bedeutet uns sein Beispiel mehr als die Worte der Bergpredigt, an denen Sie sich in anderen Lebenssituationen orientiert haben.
In der Auferstehung wachsen neben den Dornen wieder Blüten. Das ist unser Trost im Angesicht des Todes. Und unsere Hoffnung – die den grünen Blättern an der Rose gleicht.
Unter der Blüte gibt es an diesem Symbol der Liebe die fünf Kelchblätter, die auch im kältesten Winter nicht abfrieren. Der fromme Volksmund deutete das so: So stark muss die Treue zum gesprochenen Ja sein: Selbst in Jahren der Zweifel, der Lieblosigkeit, vielleicht sogar der Gleichgültigkeit, hält diese Treue durch, weil sie sich an Jesus anlehnt. Der Volksmund hat außerdem in diesen fünf Kelchblättern die fünf Wunden Christi gesehen, der die Treue zu uns vorgelebt hat, indem er am Ölberg zu unserer Erlösung Ja sagte.
Wenn wir gleich dieses Symbol der Liebe auf den Sarg der Verstorbenen hinunterwerfen, soll das ein Zeichen unseres Dankes sein: für all die Liebe bis in den Tod, aber auch als Dank für das treue Festhalten an Gott in Tagen der großen Not. Die Antwort Gottes kennen wir: Er schenkt jetzt der Verstorbenen seine göttliche Liebe. Und unsere Antwort ist wie die der Marta im Evangelium: Ja, Herr, ich glaube, dass du der Messias bist, der Sohn Gottes, der in die Welt gekommen ist (Joh 11,27).

7. Vom Baum des Lebens

Symbol/Vorbereitung

Stilisierter Baum = Kreuz als Lebensbaum.

Lesungen

Offb 22,1–5: Die Bäume des Lebens tragen jeden Monat Früchte.
Joh 11,25–27: Wer an mich glaubt, wird leben, auch wenn er stirbt.

(Vgl. Messlektionar VII, S. 493; Die Begräbnisfeier, S. 274)

Ansprache

Sie haben, liebe Trauernde, einen Lebensbaum als Motiv auf der Urne (oder: in der Todesanzeige) gewählt. Auch auf vielen Grabsteinen ist solch ein Lebensbaum zu sehen. Daran entzündet sich unser Glaube: Der Verstorbene ist jetzt kein totes Holz, das irgendwann fortgeworfen werden kann, sondern es schlägt neu aus unter der ewigen Sonne Gottes.

Der Baum ist in der Bibel ein wichtiges Symbol. Erinnern wir uns: In der Symbolsprache der Bibel wurde der Baum im Paradies zur Falle für die ersten Menschen, somit für den Menschen schlechthin. Von allen Früchten der Bäume in diesem wunderbaren Garten durften Adam und Eva essen, aber ausgerechnet die Früchte des *einen* verbotenen Baumes mussten sie haben. Doch das liegt ja heute noch im Menschen: Je mehr er hat, je mehr er will. Immer, wenn der Mensch dabei ein Gebot Gottes übertritt, fällt er aus dem Paradies, womit Frieden und Freude des Herzens gemeint sind.

Dann der Baum, aus dem das Kreuz gezimmert wurde. Es gibt Legenden, dass er im Schädel Adams Wurzeln schlug. Das heißt: Gott steht nicht abseits, er ist mitten unter uns. Er bedauert jeden Missbrauch der Freiheit, der höchsten Gabe, die er dem Menschen geschenkt hat. In seinem Sohn hat er gezeigt, wie sehr er seine Wege mit unseren Wegen verknüpft.

Darum sieht der Autor des letzten Buches der Bibel in einer Vision die Bäume des Lebens am Paradiesesstrom, der in seiner Quelle vom Thron Gottes und dem Lamme ausgeht. Zwölf Mal im Jahr tragen sie Früchte. Das heißt: ewige Fülle, kein Wechsel der Zeiten mehr. Und über allem die Sonne Gottes beim Fest aller Feste. Wir möchten Gott danke sagen für all die Früchte, die der Baum des Verstorbenen schon im irdischen Leben brachte *(Genaueres aufzählen).* Beten wir darum, dass er am Strom des Lebens jetzt neu seine Wurzeln ausstrecken kann und uns dabei nicht vergisst, das heißt für uns: Fürbitte bei Gott einlegt – wie wir für ihn.

8. Das Gipfelkreuz des Lebens erreichen

Symbol

Die Urne zeigt eine Bergkulisse, alternativ: ein Bergsteigerseil.

Hinweis

Besonders geeignet bei einem Bergsteiger oder -wanderer.

Lesungen

1 Kön 19,9–13: Auf dem Berge Horeb begegnet der Prophet Gott in einem sanften, leisen Säuseln.
Mt 5,1–12a: Jesus verkündet auf einem Berg die Seligpreisungen.
(Siehe Messlektionar VII, S. 463; Die Begräbnisfeier, S. 252)

Ansprache

Wir nehmen in N. N. Abschied von einem begeisterten Bergwanderer/ Bergsteiger. (Deshalb habe ich von seiner Familie dieses Bergseil als Symbol erbeten, das ihn viele Jahre begleitet hat.) Er hat das im Leben erfahren, was die Lesungen eben wiedergaben: in der Stille der Bergwelt Gott begegnen und schon etwas von dem Glück der Seligpreisungen spüren, von denen die Menschen im Tal nur träumen.

1. Wie er müssen wir uns alle an jeder Wegkreuzung klarmachen, dass wir auf Erfahrungen und Möglichkeiten, denen wir auf den anderen Wegen begegnet wären, verzichten müssen. Und doch: Wer auf dem Gipfel eines Berges steht, übersieht plötzlich auch die Wege, die er nicht gegangen ist, und darf dort dankbar sein Leben überblicken *(jetzt Näheres schildern: Partnerschaft, Kinder und Enkel, Engagement in Vereinen und Gemeinschaften, eventuell auch in der Kirchengemeinde …).*
2. Manchmal liegt eine dicke Nebelschicht über dem Tal, und Wege und Berge werden unsichtbar. N. N. war ein Mensch, der dennoch weiter stieg in der unerschütterlichen Hoffnung, dass die Sonne mit ihrem goldenen Licht doch stärker ist. Manchmal *(Genaueres!)* ist er dann bis zum Gipfelkreuz gestiegen, und dort erst tauchte er in das

herrliche Licht ein, das den Blick befreit für all die anderen Herrlichkeiten des Lebens.

3. Außer auf den Berg der Seligpreisungen stieg Jesus auch auf den Berg Tabor. Nach seiner Ankündigung, dass er bald in Jerusalem leiden werde, tauchte er dort oben in so helles Licht ein, dass sein Antlitz wie eine Sonne leuchtete. Und Petrus fand das Ganze so faszinierend, dass er dableiben wollte. Er wollte am liebsten dort drei Hütten für alle bauen.

   Auch N. N. blieb Leid nicht erspart *(Genaueres andeuten).* Wir dürfen heute über den Horizont unserer Welt hinausschauen und sagen: Auch ihm leuchtet jetzt diese Auferstehungssonne. Wir beten darum, dass ihm die Stimme aus der Wolke zuruft: »Komm, du bist mein geliebter Sohn! Tritt ein in die Herrlichkeit Gottes!« (vgl. Mt 17,1–9).

9. Wie Licht, das sich verzehrt

Symbol/Vorbereitung

Eine kleine Osterkerze oder eine eher kleinere Kerze.

Lesungen

Eph 5,8–11,14–16.20: Lebt als Kinder des Lichtes.
Joh 8,12: Ich bin das Licht der Welt.
Mt 5,14–16: Ich bin das Licht – ihr seid das Licht.

Ansprache

Die Verstorbene gehörte zu jenen Menschen, die immer eine Kerze anzündeten und brennen ließen, wenn ein Angehöriger eine Prüfung durchzustehen hatte, sich einer Operation unterziehen musste oder sich in einer besonderen Notlage befand. Diese Kerze darf jetzt als Symbol gelten, um ihr ganzes Leben damit zu bedenken. *(L. entzündet die Kerze an der Osterkerze)*

Denn, um beim Bild zu bleiben, sie verzehrte sich für ihre Familie und die ihr Anvertrauten *(aufzählen: Partner, Kinder, Enkel, Beruf, Familienmitglied gepflegt, unterstützte den Ehegatten, wenn er sich engagierte ...).* Sie strahlte eine besondere Herzensgüte aus. Wie es eben im Epheserbrief hieß: Lebt als Kinder des Lichtes!

Wer sich wie diese Flamme verzehrt, darf erfahren, dass der Weg zur Zufriedenheit und zum Glück nur über diese Straße geht: für andere Licht sein! Erfahrungsgemäß fließt so viel zurück, dass auch die eigene Seele reich beschenkt ist. Wie schön ist zum Beispiel, mit Großeltern zu sprechen, wenn sie einen Enkel spazieren fahren oder mit ihm auf Erkundungstour gehen.

Es ist wie mit dem Mann, der an einem heiligen Ort eine Kerze entzündete und dieses Licht bis nach Hause tragen wollte. Unterwegs traf er auf frierende Menschen, deren Licht verlöscht war. Sie baten um Feuer. Zuerst zögerte der Mann, weil er dachte, mein Licht ist zu heilig, um es für so einen banalen Zweck zu missbrauchen. Aber dann gab er es doch her und tröstete damit die Menschen in ihrer Not. Auf der weiteren Pilgerfahrt geriet er damit in einen Sturm, und was er auch versuchte, sein Licht erlosch. Wie erleichtert war er, zurück zu den Menschen gehen zu können, denen er zuvor geholfen hatte; denn seine Kräfte und sein Geld für den weiten Weg bis zum heiligen Ort hätten nicht mehr ausgereicht: Wer sich hingibt wie diese Kerze, der empfängt!

Und für die Stunden, in denen die Lebenskerze einmal rußte, bitten wir um die Barmherzigkeit Gottes.

Ein altes Sprichwort heißt: »Wenn du meinst, es geht nicht mehr, kommt von irgendwo ein Lichtlein her.« Das ist sehr allgemein gesprochen, doch für viele Menschen ist es eine Lebenserfahrung. Jesus wurde in der eben gehörten Lesung deutlicher, als er sagte: »Ich bin das Licht der Welt. Wer mir nachfolgt, wird nicht in der Finsternis umhergehen, sondern wird das Licht des Lebens haben« (Joh 8,12). Wer diesem Licht unseres Herrn vertraut, kann auch Wegstrecken in der Dunkelheit zurücklegen *(jetzt Krankheiten, Unglücksfälle aufzählen).* Wie bei der Kerze, die wir in schwierigen Zeiten aufstellen, vertrauen wir auf den, der auch die dunklen Wege ausleuchten kann.

»Das ewige Licht leuchte ihr!«, beten wir. Die Osterkerze und auch das Ewige Licht am Altar zeigen auf den, der gesagt hat: »Ich bin das Licht!« Und ihm vertrauen wir jetzt unsere Verstorbene an.
(L. stellt die brennende Kerze auf den Altar)

10. Vom Licht auf dem Leuchter

Symbol/Vorbereitung
Eine Kerze auf einem Leuchter, nach Möglichkeit aus dem Haushalt der/des Verstorbenen, oder ein Kerzenständer, zu dem der/die Verstorbene einen besonderen Bezug hatte.

Lesungen
Eph 5,6–14: Lebt als Kinder des Lichtes – Christus wird dein Licht sein.
Joh 8,12 und Mt 5,14–16: Ich bin das Licht – ihr seid das Licht.

Ansprache
Sie sehen hier vorne das Licht auf dem Leuchter, den der Verstorbene selbst geschmiedet hat/einmal töpferte/besonders geliebt hat *(Entsprechendes einfügen)*. Ich darf in diesem Symbol das Wichtigste unseres Lebens einfangen:
Wir haben es ja in Lesung und Evangelium gehört! Jesus sagt: »Ich bin das Licht! Wer hinter mir hergeht, braucht die Finsternis nicht zu fürchten.« So wünschen wir jetzt dem Verstorbenen, dass er in der Dunkelheit das ewige Licht findet, das uns in Christus verheißen ist. Deshalb brauchen wir auch in Tod und Trauer nicht ohne Hoffnung zu sein: Schauen wir auf das große Plus des Kreuzes, an dem Jesus hier vorne mit ausgebreiteten Armen hängt. Er hat sich auf die ausgebreiteten Arme des barmherzigen Vaters festnageln lassen. Im Tod ist es unsere Entscheidung, uns in diese Arme zu flüchten und uns von Ihm umarmen zu lassen.
Wir hörten auch: »*Ihr* seid das Licht!« Danach werden wir einmal gefragt, ob wir in der Nachfolge Christi etwas von seinem Licht weiterge-

geben haben. So dürfen wir dankbar auf die Jahre schauen *(Anzahl)*, die Sie in Liebe miteinander verheiratet waren, und auch auf die Früchte Ihrer Ehe, auf die Kinder und Kindeskinder *(Anzahl)*. Wie wichtig war ihm die Familie und das Heim mit dem Garten, wie hilfsbereit war er; davon weiß auch die Nachbarschaft zu berichten *(weitere Einzelheiten: Vereinsleben …)*.

In der Kirche sehen Sie viele Leuchter mit Kerzen darauf, auch im symbolischen Sinne: Schauen Sie einmal auf die Marienstatue dort. Sie ist auch wie ein Leuchter, der uns Jesus, das Licht der Welt, entgegenhält. Manchmal sind auch wir wie Leuchter und Kerzen, die sich für andere verzehren. Wen dann das Leid trifft *(Krankheit und die letzten schwierigen Jahre)*, der kann einen Teil der Schmerzen mildern mit Blick auf die, für die er gelebt hat.

So danken wir dem Verstorbenen für das Licht auf unserem Weg. Wir bitten Gott, dass er den Mantel seiner Barmherzigkeit darüberlegt, wo sein Docht gerußt hat, und wünschen ihm, dass er jetzt ins ewige Licht Gottes eintauchen darf.

11. Vom Öl im Krug des Lebens

Symbol

Auf der Urne ist eine Feuerflamme in einer Schale zu sehen oder ein brennendes Öllämpchen. Oder: ein antikes Öllämpchen, das brennt.

Lesungen

1 Joh 3,14–16: Wer nicht liebt, bleibt im Tod.
(Siehe Messlektionar VII, S. 462; Die Begräbnisfeier, S. 232)

Mt 25,1–13: Die Klugen nahmen auch Öl in ihren Krügen mit.
(Siehe Messlektionar VII, S. 466; Die Begräbnisfeier, S. 254)

Ansprache

Sie haben, liebe Trauernde, auf die Todesanzeige (auf die Urne) ein Symbol gesetzt, das eine Schale mit brennendem Feuer zeigt, so wie auch in der Trauerhalle (in der Kirche o. Ä.) oft kleine Öllampen brennen.

Wer sich in der Bibel auskennt, weiß, worauf das hindeuten soll: Es ist nicht nur das Gedenken an den Toten – wie wir oft brennende Öllämpchen und Kerzen an den Ort eines Unfalls oder Attentats stellen. Es weist auch auf die Stelle hin, die wir eben im Evangelium gehört haben. Mutter Teresa von Kalkutta hat das, was gemeint ist, einmal genauer ausgedrückt: »Die Öltropfen in unseren Lampen sind die kleinen Dinge im täglichen Leben: Treue, Pünktlichkeit, kleine gute Worte, ein Gedanke an andere, unsere Art und Weise zu schweigen, zu sprechen und zu handeln.«

Paulus hat sich in seinen Briefen an die Kolosser (3,12–15) und die Philipper (4,4–9) auch dazu geäußert. Er zählt auf: aufrichtiges Erbarmen, Güte, Demut, Milde, Geduld, Vergebung, Liebe, Friede, Dankbarkeit. Alles Eigenschaften, die das Miteinander gelingen lassen. Wir danken der Verstorbenen für dieses Öl in ihrem Lebenskrug *(hier Beispiele).*

Ohne dieses Öl würde das Getriebe heiß laufen, vielleicht ginge auch das Licht aus. Darum rufen wir in dieser Stunde Gottes Barmherzigkeit an.

Ob wir zum himmlischen Hochzeitsmahl, so die biblische Bildsprache, einmal eingelassen werden, hängt davon ab, ob wir Öl im Krug unseres Lebens aufweisen können. Wir werden nach der Liebe gefragt und nach unserem Vertrauen auf Gott. Im Hauptgebot ist die Reihenfolge genau umgekehrt: Aus dem Vertrauen auf Gott fließt der Mut zur Liebe und zur Verzeihung.

Wir hier haben noch Zeit, uns genügend Öl zu besorgen, um Licht für die Welt zu sein (Mt 5,14). Denn eins ist gewiss: Der Ruf »Der Bräutigam kommt!« ertönt meistens überraschend.

12. Sich an der Sonne Gottes ausrichten

Symbol/Vorbereitung

Eine Sonnenblume.

Lesungen

Phil 3,20–21: Unsere Heimat ist im Himmel.
(Siehe Messlektionar VII, S. 457; Die Begräbnisfeier, S. 228)

Joh 12,24–26: Wer um die Gesetze der Natur weiß: Das Samenkorn muss sich verwandeln.
(Vgl. Messlektionar VII, S. 497; Die Begräbnisfeier, S. 280)

Joh 8,12 und Mt 5,14–16: Wenn wir uns an der Sonne Gottes ausrichten, werden wir zum Licht für die Welt.

Ansprache

Die Sonnenblume, die ich Ihnen mitgebracht habe, passt zum Leben des Verstorbenen, der so eng mit der Natur lebte: Er kam aus der Landwirtschaft *(alternativ:* hatte einen großen Garten*)*. N. N. säte immer wieder Sonnenblumen, um im Winter genügend Vorrat für die Vögel zu haben … *(weitere Einzelheiten ergänzen).*

Mit der Sonnenblume als Symbol für sein Leben will gesagt sein:

1. Wer sich an der Sonne Gottes ausrichtet – und eine junge Sonnenblume wendet sich ihr von morgens bis abends zu –, der wird, wenn er genügend Kräfte gesammelt hat, selbst zur Sonne für seine Umgebung. So vertraute der Verstorbene Gott aus ganzem Herzen und gab davon in seiner Liebe weiter *(Beispiele bis hin zum Vereinsleben usw.)*. Wir danken ihm dafür.
2. Wer sich an der Sonne Gottes ausrichtet, der lässt die Schatten hinter sich. Das ist dem zugesagt, der sich vom Vertrauen auf die Barmherzigkeit Gottes leiten lässt: Die Schatten seiner Unvollkommenheit und seiner Schuld fallen hinter ihn. Dafür ging Jesus, die Sonne der Gerechtigkeit (GL 481), in den Tod, damit uns ewig die Sonne der Liebe Gottes aufleuchtet.

3. Wenn wir meinen, die Sonnenblume stirbt langsam, weil sie den Kopf immer tiefer sinken lässt, dann ziehen in Wirklichkeit die schweren Körner sie nach unten. Es beginnt die eigentliche Reifezeit ihres Lebens: Wir können beobachten, wie schon etwas von dem, was wir im Leben gesät haben, weiterwirkt. Wie sich die Vögel im Herbst um die Sonnenblumenkerne zanken und dabei auch Körner verloren gehen, die nächstes Jahr als Sonnenblume unvermutet irgendwo wachsen, so können wir im Verhalten der Kinder, Enkel oder Urenkel etwas von dem weiterwachsen sehen, was uns beflügelt hat. Da passt der Text des Liedes: »Niemals geht man so ganz, irgendwas von dir bleibt hier …«

So vertrauen wir Gott die Ernte des Verstorbenen an und danken für dessen Blumenkerne, an denen wir uns weiter erfreuen, die auch in Kindern, Enkeln, Urenkeln weiterleben. Bitten wir Gott, dass er den Mantel seiner Barmherzigkeit über all das legt, was im Leben des Verstorbenen jetzt noch an Schatten von der Sonne Gottes in Licht umzuwandeln ist.

13. Vom Engel, der über die Todesschwelle trägt

Symbol/Vorbereitung

Ein Engelbild oder eine Engelfigur.

Hinweis

Auch bei einem plötzlichen Tod.

Lesungen

Gen 28,10–13a.15–16: Jakobs Traum – Engel verbinden Himmel und Erde = die Himmelsleiter.

Joh 14,1–6: Im Haus meines Vaters sind viele Wohnungen.

(Siehe Messlektionar VII, S. 498; Die Begräbnisfeier, S. 281)

Ansprache

Auf alten Friedhöfen sind manchmal Grabmäler mit übermenschengroßen Engeln zu sehen, die mit der Posaune die Verstorbenen aus den Gräbern holen oder – mehr der griechischen Mythologie entnommen – im Schmerz versunken sind.

Heute finden wir oft so kleine Engel wie diesen hier *(L. zeigt ihn)*, die einfach auf das Grab gesetzt werden und uns in dieser Gestalt trösten sollen. Sie erinnern daran, dass sie die Verstorbenen über die Schwelle des Todes getragen haben.

Es ist ein schöner Glaube, dass jeder Mensch bei seiner Geburt einen Schutzengel bekommt, der ihn ein Leben lang begleitet und stets das Angesicht des himmlischen Vaters schaut (Mt 18,10). Und im »Gleichnis vom reichen Mann und vom armen Lazarus« steht: Als der Arme starb, wurde er von Engeln in Abrahams Schoß getragen – eine Umschreibung dafür, dass wir dort wieder zu Hause sind (Lk 16,22). Wir sind also im Tod nicht allein. Das mag die Menschen trösten, die sich ein Leben lang Vorwürfe machen, wenn sie beim plötzlichen Tod des Vaters oder der Mutter, des Partners oder der Partnerin nicht dabei waren.

Unser Engel begleitet uns also über die Schwelle des Todes ins Haus des himmlischen Vaters mit den vielen Wohnungen (Joh 14,2). Der nach Tod und Auferstehung erhöhte Herr sagt ja im Evangelium deutlich, dass er seine Jünger zu sich in die Wohnungen holen will. Die Engel sind dabei seine verlängerten Arme. Ist das nicht ein großer Trost, dass wir im Tod nicht in etwas Dunkles eintauchen, sondern in etwas Vertrautes? Denn wer sich im irdischen Leben in seiner Wohnung wirklich daheim fühlte, spürt ja die Sehnsucht, einmal für immer geborgen zu sein.

Auf diesem Hintergrund können wir viel leichter den Verstorbenen loslassen. Wir danken, dass wir ihn gehabt haben *(Konkretes einfügen)*, besonders weil er »engelgleich« anderen »Flügel« geschenkt hat *(Beispiel)*; Menschen mit Herz sind ja auch Engel! Und wenn er hinter seinen Möglichkeiten geblieben ist, empfehlen wir ihn der Barmherzigkeit Gottes. Dafür sind wir ja auch zusammengekommen, um bei Gott für ihn zu bitten. Vielleicht ist der Verstorbene auch Gott schon so nahe, dass er für uns bitten kann.

Wir können von dem, was im Tod geschieht, nur in Bildern und Gleichnissen sprechen. So bitten wir: Trage, heiliger Engel, ihn in die ewige Wohnung, damit er für immer daheim bei Christus ist.

NACH ANSELM GRÜN, MÜNSTERSCHWARZACHER RUF IN DIE ZEIT, SEPT. 2008, S. 10

14. Sie singen jetzt ein neues Lied

Symbol/Vorbereitung

Ein lächelnder/singender Engel (als Bild oder geschnitzt) oder eine Stimmgabel oder ein Notenblatt.

Hinweis

Besonders geeignet bei Personen, die gerne und oft sangen.

Lesung

Das letzte Buch der Bibel, die Offenbarung des Johannes, beschreibt in wunderbaren Bildern, was auf uns zukommt:
Offb 5,7–10: Sie sangen ein neues Lied.

Ansprache

Gerade haben wir in der Lesung aus der Offenbarung des Johannes von einer Himmelsvision gehört: Alle trugen Harfen und goldene Schalen voll von Räucherwerk; das sind die Gebete der Heiligen: Und sie singen ein neues Lied … (Offb 8b–9a)
Auch N. N. hat immer gerne gesungen. Damit ist er gut auf den Himmel vorbereitet. Deshalb habe ich diesen Engel mitgebracht: Sein Gesicht ist ganz Gesang *(oder alternativ:* diese Stimmgabel, dieses Notenblatt).
So haben Sie, liebe Frau N.N., mir erzählt, dass er über … Jahre *(Jahreszahl einfügen)* im Chor N. N. *(Namen einfügen)* mitsang und seine Kinder dafür begeisterte, ebenfalls musikalisch tätig zu sein.
Viele Jahre hatte er innerhalb des Chores ein Ehrenamt inne.
Aber auch zu Hause hat er immer wieder gesungen: in den … Jahren *(Zahl einfügen)* Ihrer Ehe, beim Spiel mit den Kindern und Enkeln, bei

der Gartenarbeit, in seinen geliebten Bergen, im Beruf …. *(Beispiele ergänzen …).*
Mit Singen kann man die Höhen und Tiefen des Lebens leichter bestehen. Interessant auch, dass Ihr lieber Mann, dem es die vergangenen Jahre gesundheitlich nicht so gut ging und der zuletzt noch mit Parkinson und Demenz *(Zutreffendes nennen)* geplagt war, selbst noch im Pflegeheim immer wieder sang.
Dies ist vielfach belegt und bezeugt: Viele demenzkranke Menschen erinnern sich an alte Lieder, die sie früher häufig gesungen haben – oft noch aus ihren Kindertagen. Lieder und Musik sind für uns Menschen wie ein Lebenselixier.
Im Himmel wird ganz oft gesungen – wir haben es in der Lesung gehört. Manchmal ist König David mit seiner Harfe in Kirchenfenstern dargestellt. In einem Psalm war sein Herz übervoll: Er hat so gebetet oder gesungen:

> Ich will dir danken mit Harfenspiel
> und deine Treue preisen, mein Gott;
> ich will dir auf der Leier spielen …
> Meine Lippen sollen jubeln,
> ja, dir will ich singen und spielen …
> (Ps 71,22f)

So wünschen wir dem Verstorbenen, dass jetzt im Himmel ein himmlisches Wesen mehr jubelt und singt.
(L. stellt den Engel auf den Altar)

15. Ich will dir neu auf der Harfe spielen

Symbol

Eine Gitarre oder eine Harfe, an der eine Saite gerissen ist bzw. herabhängt.

Hinweis

Geeignet bei einem Musikfreund oder Musiker.

Lesungen

Das letzte Buch der Bibel, die Offenbarung des Johannes, beschreibt in wunderbaren Bildern, was auf uns zukommt:
Offb 5,7–10: Die um den Thron des Lammes trugen Harfen und sangen ein neues Lied.

Joh 17,24–26: Alle sollen meine Herrlichkeit sehen.
(Siehe Messlektionar VII, S. 499; Die Begräbnisfeier, S. 282)

Ansprache

Sie haben für Ihre Traueranzeige ein besonderes Symbol gewählt, ein Musikinstrument mit einer gerissenen Saite. Darum habe ich diese Gitarre (Harfe) mitgebracht, an der eine Saite gerissen ist. Ich brauche diese Symbolik nicht näher zu erklären: Wir beklagen, dass Herr N. N. von uns gegangen ist und wir seine Kunstfertigkeit nicht mehr hören und genießen können. Aber wir erinnern uns an die schönen Melodien, die uns sein Leben geschenkt hat *(jetzt von der Familie, den Kindern und Enkeln erzählen, von den Harmonien und Erfolgen in seinem Leben und wie er mit manchen bitteren Disharmonien fertig wurde).*
Jetzt stehen wir vor der Tatsache, dass seine Saiten gerissen sind. Die Vorboten waren bereits sichtbar *(jetzt die Schicksalsschläge in seinem Leben andeuten, die Krankheiten und zuletzt die Schmerzen, Hoffnungen und das Loslassen-Können).*
Wir haben uns hier im Namen des lebendigen Gottes versammelt, der uns seinen auferstandenen Sohn geschenkt hat. Darum dürfen wir auch über den Horizont dieser Welt hinausschauen. Wir haben es eben in der Lesung gehört: Um den Thron des Lammes sind die vier Lebewesen versammelt und die vierundzwanzig Ältesten, die allesamt Harfen tragen und ein neues Lied singen. Vielleicht bekommen wir dort alle ein Musikinstrument anvertraut und lernen in der himmlischen »Musikschule« neue herrliche Melodien. Darum darf ich in diese Gitarre (Harfe) eine neue Saite einziehen *(oder die heraushängende wieder einfügen),* damit wir in den Psalm 71 einstimmen können, den der Verstorbene jetzt auf der anderen Seite des Lebens mit anstimmen kann:

Ich will dir danken mit Harfenspiel
und deine Treue preisen, mein Gott;
ich will dir auf der Leier spielen …
Meine Lippen sollen jubeln,
ja, dir will ich singen und spielen,
meine Seele, die du erlöst hast, soll jubeln.
(vgl. Ps 71,22f)

(Nach Möglichkeit sollte ein Musiker oder Musikfreund auf diesem Instrument noch eine meditative Melodie oder ein Lieblingsstück der/des Verstorbenen spielen.)

16. Mit dem Serum des Auferstandenen

Symbol/Vorbereitung
Der Äskulapstab als Kreuz.

Hinweis
Besonders geeignet bei einer Trauerfeier für einen Arzt, Apotheker, Heilpraktiker oder einen Angehörigen im Rettungsdienst.

Lesungen
Num 21,4–9: Jeder, der vom Biss der Schlange getroffen war, blieb am Leben, wenn er zur Kupferschlange aufblickte.
Joh 3,14–17: Im erhöhten Menschensohn hat jeder, der glaubt, ewiges Leben.
(Siehe Messlektionar VII, S. 487)

Ansprache
Sie, liebe Trauernde, haben als Symbol auf die Todesanzeige das Arzt- und Apothekerzeichen gesetzt, den Äskulapstab. Aber der Stab ist zum Kreuz geworden, das von der Schlange umwunden wird.

Wir haben die Geschichte in den Lesungen aus der Heiligen Schrift gehört: Wer die eherne Schlange, die Mose an eine Signalstange hängte, anschaute, überstand die tödlichen Bisse der Schlangenplage. Das deutet der Evangelist auf Jesus: Wer auf den erhöhten Menschensohn am Kreuz schaut, wird gerettet.

Wir wissen auch, warum sich das Bild der alten Schlange aus dem Paradies, die bis heute noch den Menschen verführt, ins Positive wendet: Aus ihrem Giftzahn kann das heilbringende Serum gewonnen werden, das ihr Gift unwirksam macht.

In der Kraft seiner Heilkunst hat der Verstorbene so oft das Gift einer Krankheit ins Positive gewendet. Dafür danken hier viele Patienten von ganzem Herzen. Da war mehr als Beruf; da war Berufung, die nicht auf die Uhr schaute. Dass die Familie das oft verkraften musste und geschehen ließ, dafür danken wir ebenfalls *(hier noch mehr Persönliches aufzeigen).*

In dieser Stunde des Abschieds bleiben uns zwei Möglichkeiten: Einmal uns von der alten Schlange mit ihrem tödlichen Biss vergiften zu lassen – in unserer Angst vor dem Tod oder der Verführung, zu zweifeln an der Güte Gottes und am Weiterleben nach dem Tod.

Indem Sie den Äskulapstab durch das Kreuz ersetzt haben, weisen Sie ja auf die andere Möglichkeit: Wir glauben, dass dieses Kreuz alles Negative dieser Erde durchkreuzen kann. Diese Hoffnung gründet auf den Auferstandenen, der der alten Schlange endgültig den Kopf zertreten hat.

So haben wir uns hier versammelt, um uns mit dem heilenden Serum Jesu Christi impfen zu lassen: Unsere Trauer darf sein, aber am Ende des Tunnels leuchtet das Osterlicht und wartet ein Leben in Fülle.

17. Der rettende Anker

Symbol/Vorbereitung

Ein Anker.

Hinweis

Besonders geeignet bei Wassersportlern und Seebegeisterten.

Lesungen

1 Petr 1,3–9: Durch die Auferstehung Jesu Christi haben wir eine lebendige Hoffnung.

(Siehe Messlektionar VII, S. 461)

Mt 14,22–33: Vom Anker unserer Hoffnung.

Ansprache

Der Anker auf Ihrer Todesanzeige (auf der Urne) war in Zeiten der ersten Christenverfolgungen ein verschlüsseltes Bild für das Kreuz als Symbol der Hoffnung. Wenn ein Schiff vom Sturm hin und her getrieben wird und Land in Sicht kommt, werfen die Seeleute den Anker in der Hoffnung, dass er sich auf dem Meeresboden verfängt und das Schiff hält, damit es nicht gegen die Klippen geworfen wird und zerschellt.

Schon oft habe ich den Anker auf Todesanzeigen gesehen. Da hieß es zum Beispiel: »Die rettende Hoffnung auf den Gott allen Lebens war für ihn der Ankerpunkt seines Glaubens.« Oder: »Unser ›Kapitän‹ ist für immer von Bord gegangen.«

Im Speisesaal der Mönche in der Abtei Maria Laach ist ein Kreuz zu sehen, auf dem sich drei Delfine tummeln. Ich bin dieser Symbolsprache einmal nachgegangen: Schon in vorchristlicher Zeit haben die Menschen den Delfin als Retter erlebt, der ins Meer Gestürzte auf seinem Rücken ans rettende Ufer brachte. Davon wird auch heute noch manchmal berichtet. So machten die Griechen und Römer ihn zum König der Seetiere, von dem sie glaubten, er geleite ihre Toten über das große

Wasser bis zur Unterwelt oder bis zur Insel der Seligen. Für die Christen war es nicht schwer, diesen Delfin in die Nähe des Kreuzes oder des Ankers zu rücken, denn Jesus Christus stand ihnen ja als Retter der Menschheit vor Augen, der die Verstorbenen in die Ewigkeit führt. Später löste das Fisch-Symbol den Delfin ab.
In dieser Stunde schauen wir also auf Christus, der uns aus den Schiffbrüchen unseres Lebens ans rettende Ufer bringen wird. So wie Petrus eben im Evangelium Jesus als Retter erlebte, als seine Zweifel ihn beinahe in die Tiefe versinken ließen.
Da liegt auch unsere Entscheidung: Lasse ich mich jetzt von Zweifel und Trauer unter Wasser ziehen oder halte ich mich am Anker des Glaubens fest, der mich über Wasser halten kann? Wir danken dem Verstorbenen für all die Begegnungen, in denen er uns Halt und Hilfe war *(hier auf das Lebenswerk des Verstorbenen eingehen).* Und wir schauen nach vorne, auf die lebendige Hoffnung, die uns Jesus Christus in seiner Auferstehung geschenkt hat, und bitten ihn, dass er den Verstorbenen jetzt an Bord des Schiffes nimmt, das niemals untergehen wird.

18. Das Licht besiegt die Finsternis

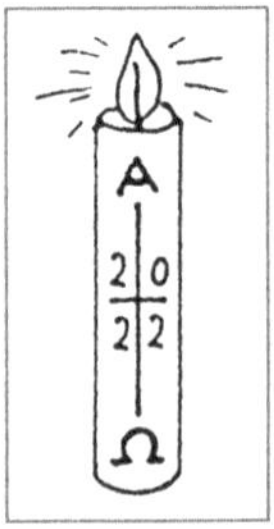

Symbol/Vorbereitung

Osterkerze, möglichst mit Nägeln, direkt neben dem Ambo. Eventuell ein kleines Osterlicht für jeden.

Lesungen

1 Joh 3,14–16: Wer nicht liebt, bleibt im Tod.
(Siehe Messlektionar VII, S. 462; Die Begräbnisfeier, S. 232)

Joh 11,21–27: Ich bin die Auferstehung und das Leben.
(Siehe Messlektionar VII, S. 493; Die Begräbnisfeier, S. 276)

Ansprache

Sie sehen die Osterkerze direkt neben mir: Sie wurde entzündet, um das Fest zu feiern gegen den Tod, gegen die Angst, gegen die Kälte der Herzen, gegen Macht und Gewalt.

Wir sehen die Wundmale, aus denen Jesus blutete. In der Nachfolge kommen wir nicht am Leid vorbei: So hat auch der Verstorbene in den letzten Jahren viel Leid erfahren müssen *(einige Beispiele aufzählen).*

Was aber mehr in unserer Erinnerung bleiben darf, ist, dass er wie diese Kerze geleuchtet hat. Ja, sein Licht hat oft ganz still gebrannt und gewärmt *(Beispiel).* »Wer das Leben gewinnen will«, hat Jesus einmal gesagt, »muss sich verzehren.« Wie diese Kerze. Und wenn wir brennen und genügend Wachs haben und unser Docht nicht allzu viel flackert und rußt, dann erfrieren wir auch selbst nicht innerlich. Aber in der Lesung hieß es: »Wir sind aus dem Tod (jetzt schon) ins Leben hinübergegangen, weil wir die Schwestern und Brüder lieben. Wer nicht liebt, bleibt im Tod« (vgl. 1 Joh 3,14) *(Beispiele der Liebe des Verstorbenen).*

Wer sich von Jesus anstecken lässt, wird selbst zum Licht.

Wenn Sie in die Flamme dieser Kerze sehen, dürfen Sie sich zurückerinnern an all die Kerzen im Leben des Verstorbenen, die den Weg mit Christus markiert haben: Da war die Taufkerze, die einlud, ein Kind des Lichtes zu werden. Denken wir an seine Kommunionkerze, an dieses unbeschwerte schöne Fest, das die Freundschaft mit Jesus intensivieren will. Dann die Ehekerze, die Jesus als den Dritten im Bunde sah; ... Jahre *(Anzahl)* durften Sie zusammen verbringen. Und schließlich die Kerze am Krankenbett, die daran erinnerte, dass das Licht jede Finsternis besiegen kann.

So nehmen wir dankbar Abschied von N. N. und empfehlen ihn dem ewigen Licht, das ihn führt in die Herrlichkeit Gottes.

19. Anfang und Ende sei dir in die Hände gelegt

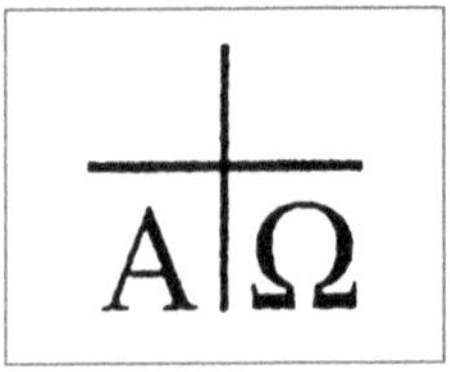

Symbol/Vorbereitung

Osterkerze mit dem Symbol Alpha und Omega.

Lesungen

Offb 21,1–5a.6b–7: Ich bin das Alpha und das Omega.
(Vgl. Messfeier VII, S. 441; Die Begräbnisfeier, S. 236)
Joh 14,1–6: Ich bin der Weg, die Wahrheit und das Leben.
(Siehe Messlektionar VII, S. 498; Die Begräbnisfeier, S. 281)

Ansprache

Sie haben, liebe Trauernde, auf die Todesanzeige das Symbol von Alpha und Omega, Anfang und Ende, um das Kreuz gesetzt. Alpha und Omega sind der erste und der letzte Buchstabe des griechischen Alphabetes, also das Symbol für das Umfassende und Vollendete. Kurz: Der Verstorbene hat in Gott seinen Anfang und sein letztes Ziel gesehen.
Manchmal wird noch ein Spruch hinzugefügt wie: »So legen wir still in Gottes Hände das Glück und den Schmerz, den Anfang und das Ende.« Auch im letzten Buch der Bibel heißt es: »Der auf dem Thron saß, sprach: ›Seht, ich mache alles neu. Ich bin das Alpha und das Omega, der Anfang und das Ende‹« (Offb 21,5a.6a). Darum verzieren wir auch die Osterkerze mit dem Alpha und Omega.
Viele Gläubige wollen ihr unvollkommenes Leben in den großen Rahmen Gottes spannen.
Der Dichter Fritz Reuter (1810–1874) zum Beispiel war nach sieben Jahren Festungshaft ein gebrochener Mann, der unter Depressionen litt. Und doch schrieb er seine besten Werke – oft von Humor und Freude durchzogen – in den schlaflosen Nächten voller Leid und Schmerzen. In einer solchen Nacht diktierte er einmal seiner Frau die Inschrift für den eigenen Grabstein. Die lautet:

»Der Anfang, das Ende, o Herr, sie sind dein.
Die Spanne dazwischen, das Leben, war mein.
Und irrt ich im Dunkel und fand nicht heraus:
Bei dir, Herr, ist Klarheit und licht ist dein Haus!«

GEFUNDEN BEI AXEL KÜHNER

Wir sind hier, um dem Leben des Verstorbenen gerecht zu werden, seine Zeiten im Licht *(Genaueres)* und im Dunkel *(Genaueres)* zu sehen, dafür zu danken und Gott um sein Erbarmen anzurufen.
Es gibt ein weltbekanntes Gedicht von Hermann Hesse, das auch vom Anfang und Ende und dem ewigen Neubeginn erzählt. Darin heißt es:

Es muss das Herz bei jedem Lebensrufe
bereit zum Abschied sein und Neubeginne,
um sich in Tapferkeit und ohne Trauern
in andre, neue Bindungen zu geben …
Wir sollen heiter Raum um Raum durchschreiten,
an keinem wie an einer Heimat hängen.

Auf diesem Wege ist jetzt der Verstorbene, sich in die neuen schönen Bindungen zu geben; die ewige Heimat zu finden. Wir stehen hier, um das Loslassen zu lernen.
Am Ende des Gedichtes heißt es:

Es wird vielleicht auch noch die Todesstunde
uns neuen Räumen jung entgegensenden.

Ja, der Glaube an Christus ist sich da ganz sicher! Er, der da spricht: »Ich bin der Weg und die Wahrheit und das Leben«, hält viele Wohnungen für uns bereit.
Bis wir einmal nachfolgen, um – hoffentlich – am Fest der Feste teilzunehmen.

20. Am Ende des Regenbogens sehen wir uns wieder

Symbol/Vorbereitung

Ein Regenbogen.

Lesungen

Gen 9,12–17: Der Regenbogen als Zeichen des Bundes mit Gott.
Joh 6,37–40: Mein Vater will, dass ich keinen zugrunde gehen lasse.
(Siehe Messlektionar VII, S. 489; Die Begräbnisfeier, S. 272)

Ansprache

Sie, liebe Trauernde, haben in die Todesanzeige des Verstorbenen einen Regenbogen gesetzt. Dieses internationale Zeichen für Frieden und Versöhnung mag den Menschen, die das sahen, signalisiert haben: Da ist ein friedliebender Naturfreund gestorben; denn der Regenbogen ist ja ein gewaltiges Zeichen der Natur, zu dem wir immer wieder staunend emporschauen.

Dieses Symbol finden Sie auch in der Bibel. Wir haben in der Lesung eben gehört, dass es nicht nur als Zeichen für Versöhnung steht, sondern für den Bund des Himmels mit der Erde.

Manchmal finden Sie in Kirchen oder auf Osterkerzen einen Regenbogen abgebildet. Auf dem Regenbogen thront Jesus, und oft stützt er die Füße auf der Erdkugel ab wie auf einem Schemel. Er, der gewaltige Herr des Himmels und der Erde, hat diesen Bund Gottes mit Noach erneuert.

So heißt es in den Wandlungsworten: »Nehmet und trinket alle daraus. Das ist der Kelch des neuen und ewigen Bundes mit Gott. Mein Blut, das für euch und für alle vergossen wird zur Vergebung der Sünden.« Jesus kam also in die Welt, um diesen Bund zu erneuern.

Wir Menschen bleiben alle hinter unseren Möglichkeiten zurück. So dürfen wir auch den Verstorbenen in all seinen Unzulänglichkeiten Jesus anvertrauen.

In dieser Stunde danken wir ihm aber auch für seine Leuchtkraft; denn an vielen Stellen war er ein kleiner Regenbogen über seiner Familie,

über seinem Verein und in seinem Engagement auch für unsere Gemeinschaft *(hier Genaueres aufzählen).*
Einmal bekam ich eine Todesanzeige, die vom tragischen Tod eines 15-jährigen Jungen berichtete. Darin stand unter einem angedeuteten Regenbogen: »Ganz weit draußen am Ende des Regenbogens werde ich auf euch warten …!« Ein schöner Gedanke: In Jesus Christus ist ein Bogen gespannt von dieser Welt zur eigentlichen, die wir noch nicht sehen können. Dort am anderen Ende dieser Brücke, über die wir alle noch gehen müssen, will er warten, bis das gemeinsame Fest der Feste beginnt.

21. Vom Vogel, der singt, wenn die Nacht noch dunkel ist

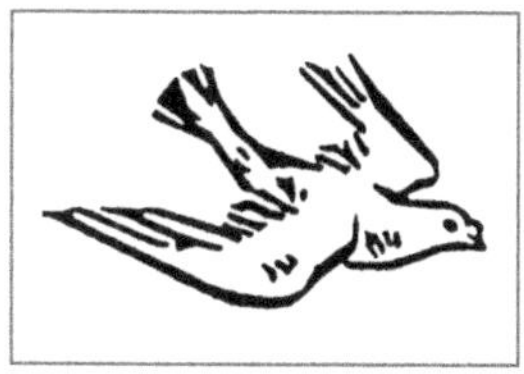

Symbol/Vorbereitung
Ein Vogel.

Lesungen
Phil 3,20–21: Unsere Heimat ist der Himmel.
(Siehe Messlektionar Bd. VII, S. 457; Die Begräbnisfeier, S. 228)
Joh 17,24–26: Alle sollen meine Herrlichkeit sehen.
(Siehe Messlektionar Bd. VII, S. 499; Die Begräbnisfeier, S. 282)

Ansprache
Auf Ihrer Todesanzeige, liebe Trauernde, ist ein Vogel zu sehen. Auch auf manchen Grabsteinen, vor allem bei jungen Menschen, die allzu früh gehen mussten, ist manchmal ein Vogel dargestellt, der froh singt, aber auf einem abgebrochenen Ast sitzt.
Vielleicht kommt uns, wenn wir trauern, ein Vogel in den Sinn, weil er dem Himmel etwas näher lebt als wir. Oder weil eine zu Gott emporsteigende Seele in der Kunst oft wie ein Vogel dargestellt wird.
Oder, wie es auf einer anderen Anzeige hieß: »Gönnt mir jetzt meine Freiheit. Ich möchte jetzt fliegen wie ein Vogel.«

Für gläubige Menschen ist das zu wenig. Da denke ich lieber an Rose Kennedy, die mit 93 Jahren bei einem Interview sagte: »Gott will nicht, dass wir traurig sind. Vögel singen nach einem Sturm. Warum sollten wir das nicht auch tun?« Dabei starben vier ihrer neun Kinder eines gewaltsamen Todes. Eine Tochter war ihr ganzes Leben lang schwer behindert. Und sie hatte ihren Ehemann lange genug überlebt, um in der Presse immer und immer wieder sein skrupelloses Leben geschildert zu sehen. Es gibt noch einen Spruch zum Vogel, der mir am besten gefällt: »Der Glaube ist der Vogel, der singt, wenn die Nacht noch dunkel ist« (aus China).

Was hier ziemlich allgemein ausgedrückt ist, hat in Jesus ganz genaue Konturen erhalten. Wir haben es eben in den Lesungen gehört: Unsere Heimat ist der Himmel. Und Jesus möchte, dass alle seine Herrlichkeit sehen und dass wir daran teilhaben.

Er kann schon jetzt unserer Seele Flügel geben, wenn die Trauer sie gefangen hält. Das muss noch nicht heute oder morgen sein. Jetzt ist aber auch die Stunde des Dankes *(nun auf das Gute eingehen, das der Verstorbene in seinem Leben bewirkte)*. Manchmal war sein Flügelschlag auch matt *(nun auf die Ereignisse im Leben des Verstorbenen eingehen, die zu Boden zogen)*. So, wie er war, geben wir ihn jetzt seinem Schöpfer und Erlöser zurück. Und wir wollen nicht vergessen: Unser Glaube an den Auferstandenen ist wie ein mächtiger Vogel, der singt, wenn die Nacht der Trauer und des Verlustes noch dunkel ist.

22. Auf dem Flug in den ewigen Frieden

Symbol/Vorbereitung

Die Taube mit dem Ölzweig.

Lesungen

Gen 8,6–12: Die Taube als Bote: Die Erde ist wieder bewohnbar.

Joh 20,19–23: Der Auferstandene verkündet den Frieden.

Ansprache

Sie haben, liebe Trauernde, auf die Todesanzeige eine Taube mit einem Ölzweig im Schnabel als Symbol gesetzt. Zunächst haben Sie vielleicht an den legendären Seelenvogel des Verstorbenen gedacht, der zum Paradies in den ewigen Frieden emporschwebt.

Die wenigsten wissen, dass diese Taube mit dem Ölzweig, die in allen Völkern als Friedenssymbol verstanden wird, biblischen Ursprungs ist. Sie erinnern sich an das, was wir eben in der Lesung gehört haben und noch aus der Noach-Erzählung von der Sintflut kennen: Gott schließt mit den Menschen einen neuen Bund, der keine Sündenflut mehr bestraft; er verspricht damit den ewigen Frieden. Dennoch fühlen Sie sich jetzt traurig und verlassen. Genau wie die Jünger, die sich nach dem Karfreitag aus Angst vor den Juden eingeschlossen haben. Da trat Jesus in ihre Mitte und versprach wieder diesen Frieden und Vergebung der Schuld.

Wer heutzutage den Glauben an ein Leben nach dem Tod verloren hat, verkürzt eigentlich sein Leben – aufs Ganze gesehen – unendlich. Denn das eigentliche Leben liegt ja noch vor uns. Es sieht zwar so aus, als brächten sich trotz Friedensbemühungen die Menschen bald selbst um, aber wir glauben an die Kirche, an die Arche über allen Abgründen der Welt, die die wichtigste Botschaft zu verkünden hat: »Es gibt keine Toten. Es gibt nur Lebende: Lebende hier und im Jenseits.«

Das ist keine Fata Morgana, sondern in Jesus Christus Wirklichkeit geworden. Was vermag uns in unserer Sintflut-Situation am meisten zu trösten? Es ist doch der Glaube an die ununterbrochene Gegenwart unserer Verstorbenen. Sie haben nur die Verwandlung schon vollzogen, die noch vor uns liegt, die mit dem Aufstieg der Taube in das Licht beginnt, um dann Gottes Liebe zu erfahren im ewigen Frieden.

So danken wir in dieser Stunde, dass wir den Verstorbenen in unserer Mitte haben durften *(jetzt Beispiele nennen, die zum Dank veranlassen)*. Wir bitten Gott um Versöhnung für das, was der Verstorbene in seinem Leben falsch gemacht hat, und glauben an ein Wiedersehen.

23. Im Zielflug – wie die Kraniche

Symbol

Auf der Urne/in der Traueranzeige sind Kraniche (Wildgänse) im Flug zu sehen.

Lesungen

Phil 3,17–21: Unsere Heimat ist im Himmel.
Joh 14,1–6: Im Hause meines Vaters sind viele Wohnungen.
(Siehe Messlektionar VII, S. 498; Die Begräbnisfeier, S. 281)

Ansprache

Immer, wenn kurz vor dem Frühjahr oder im späten Herbst die wilden Schreie der Kraniche (Wildgänse) am Himmel auf sich aufmerksam machen, muss ich stehen bleiben, um fasziniert diesem Wunder der Schöpfung zuzuschauen. Da haben sich dutzende, ja hunderte Vögel zusammengefunden, um sich tausende Kilometer in den Norden oder Süden zu wagen. Drei Beobachtungen bewegen mich:

1. Um Kräfte zu sparen, fliegen diese großen Vögel so, dass sie im Windschatten der anderen weniger Energie verbrauchen. Eine Gemeinschaft macht stark und erspart dem Einzelnen manche Mühe. So sind wir auch dem Verstorbenen N. N. dankbar für seinen Einsatz in mehreren Gemeinschaften *(Genaueres aus der kleinsten Gemeinschaft, seiner Familie, bis zu denen im Beruf oder am Ort, in denen er sich engagierte)*. Er ging nie leer nach Hause. Er wusste um das Gesetz, ohne das eine Gesellschaft und jede Gemeinschaft verarmt: Wenn du gibst, empfängst du auch.
2. Es ist zu lesen, wenn einem Kranich die Kräfte schwinden und er sich niederlässt, um sich auszuruhen, begleitet ihn immer noch ein anderer und bleibt so lange bei ihm, bis er wieder zu Kräften kommt oder aber stirbt. Wir danken N.N., dass er so feinfühlig war, sich zu engagieren, wo andere dringend Hilfe brauchten *(Genaueres: Hospiz, Sozialer Brennpunkt)*.

3. Die Kraniche folgen einer Art Autopiloten im Kopf, der sie über tausende Kilometer sicher zum Ziel führt. Auch wir spüren eine Sehnsucht in uns, die mehr will als alles, was wir kaufen können. Viele haben doch schon erfahren, dass Reichtum und Macht oft die Seele verarmen lassen und dass es andere Werte sind, die unsere Herzen zufriedener machen. Eine Dichterin unserer Tage nennt es so: »Haben wir nicht manchmal Heimweh im Gepäck, dass wir wieder dorthin möchten, wo wir herkommen?« (nach Anne Steinwart). Eben in der Lesung hieß es: »Unsere Heimat ist im Himmel.« So hat sich auch N. N. ein Leben lang abgemüht, dieses Ziel zu erreichen, denn wir sind nur Gast auf Erden.

Beten wir jetzt für ihn und uns, dass wir unsere eigentliche Heimat finden mit dem Navi unseres Gewissens und der Heiligen Schrift, damit wir die Wohnungen einnehmen, die Gott für uns bereitet hat.

24. Wir werden verwandelt

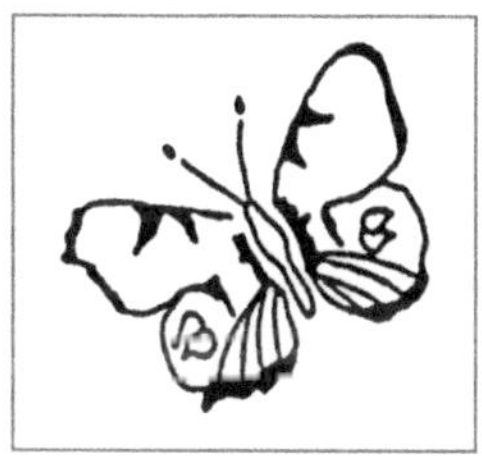

Symbol/Vorbereitung

Ein Schmetterling.

Lesungen

1 Kor 15,42–44: Alles ist Verwandlung.
Joh 20,11–18: Halte mich nicht fest

Ansprache

Sie, liebe Trauernde, haben in die Todesanzeige das Symbol eines Schmetterlings gesetzt. Dafür darf ich Ihnen herzlich danken, denn es gibt kaum ein besseres Symbol, das unseren Glauben an die Auferstehung versinnbildlichen kann. Krebskranke Kinder und Kinder im KZ bastelten und malten wie aus dem Unbewussten gern bunte Schmetterlinge, Ausdruck der Hoffnung auf die Auferstehung auch in allen Religionen und Weltanschauungen.

Wer würde das Wunder der Entwicklung eines Schmetterlings für möglich halten, wenn man es nicht immer wieder in der Natur beobachten könnte?: Für die Raupe auf Stummelfüßchen, schutzlos und gekrümmt im Staub der Welt unterwegs und immer nur auf Nahrungssuche, scheint im »Sarg« der Puppe das Leben zu Ende zu sein. Aber unter den Strahlen der Sonne befreit sich der Schmetterling aus dem »Grab« und schwebt hinweg über alle Hecken und Abgründe.

Wir können uns sehr wohl die Zweifel einer stacheligen Raupe vorstellen, die meinte: »Was man ist, das ist man einfach. Alles andere sind Träume. Niemand kann aus seiner Haut heraus.« Da flog neben ihr ein wunderschöner Schmetterling auf.

Alles ist also Verwandlung. Das hörten wir eben auch in der Lesung: »Gesät wird ein irdischer Leib, auferweckt ein überirdischer Leib«, der nicht mehr Raum und Zeit unterworfen ist. Uns bleibt für jetzt sozusagen nur die leere Hülle des Kokons zurück, die wir gleich in die Erde senken. Aber was den Verstorbenen so lebendig und liebenswert machte, ist geblieben, schmetterlingshaft wunderschön in einen geistigen Körper übergegangen, der über Raum und Zeit steht.

Trotzdem möchten wir ihn festhalten – so wie er in unserer Mitte war. *(Hier einiges aus dem Leben des Verstorbenen einbringen: das »mühselige Kriechen« = Rückschläge, Krankheiten, aber auch die »schmetterlingshaften« Augenblicke = besondere Begebenheiten nennen)* Aber wir können und dürfen ihn nicht festhalten. Jesus verweigert sich auch Maria Magdalena, als sie ihn erkennt: »Rühr mich nicht an!« Wer einen Schmetterling festhalten will, zerstört das zarte Gebilde aus buntem Staub. Das können wir auch in unserem Leben immer wieder erfahren: Glückliche Stunden oder Begegnungen festhalten zu wollen, heißt, sie zu zerstören. Aber die Sehnsucht nach der schmetterlingshaften Zeit darf in uns wachsen. Unter den Strahlen der Sonne Gottes dürfen auch wir einmal aus der Enge des irdischen Kokons herausschlüpfen, um dann miteinander bei dem zu sein, der uns durch Tod und Auferstehung diese große Zukunft, diese Hoch-Zeit, ermöglicht hat. Ihm empfehlen wir den Verstorbenen und uns an: Herr, lass uns Flügel wachsen, die uns aus Krankheit, Not und Zweifel in die Sonne deiner Herrlichkeit tragen.

25. Offen sein für die Verwandlung

Symbol/Vorbereitung

Ein Schmetterling

Hinweis

Leicht verändert auch beim Tod eines Kindes.

Lesungen

1 Kor 15,51–57: Wir werden verwandelt werden.

(Siehe Messlektionar VII, S. 452; Die Begräbnisfeier, S. 226)

Joh 12,24–26: Wenn das Weizenkorn in die Erde fällt, bringt es reiche Frucht.

(Vgl. Messlektionar VII, S. 497; Die Begräbnisfeier, S. 280)

Ansprache

Wir haben die Lesungen von den Verwandlungen gehört. Alles im Leben ist Verwandlung, obwohl wir – wenn wir auf den Schmetterling schauen – vom Verstorbenen nur noch den leeren Kokon besitzen.

Doch ich möchte es noch einmal wiederholen: Alles im Leben ist Verwandlung. Ich darf die Behauptung durch zwei Geschichten unterstreichen:

1. Der Sohn eines Seidenspinners war jung gestorben. Der Vater ging traurig zum Weisen Meng Tse und fragte: »Warum muss der Mensch sterben?« Der Weise antwortete: »Der Mensch stirbt nicht! Du weißt es doch von deinem Beruf her: Aus den Eiern deiner Spinner schlüpfen die Raupen, die den Kokon durchbrechen und eine neue Brut hinterlassen. Ei, Raupe, Spinner sind nicht das Gleiche, aber zusammen gesehen wirkt sich das Leben immer fort. Ist das nicht eine Art von ewigem Leben, das nie stirbt?« Sie saßen lange schweigend da. Dann sagte der Seidenspinner: »Ich weiß, du sprichst in Bildern, aber ich will mich der Wahrheit beugen.« Da sagte der Weise noch ein Letztes, während sein Antlitz schon mit der Dunkelheit verschwamm: »Ja, schärfe dein Auge! Es gibt keinen Tod. Alles Leben

ist nur ein Gleichnis. Trage deine Trauer in diese Sicht der Dinge, die über dein Inneres große Ruhe ausbreiten wird.«

2. Die zweite Geschichte spricht von einer kleinen Pfütze, die sehr fröhlich ist, die ganze Weite des Himmels widerspiegelt, aber die Sonne fürchtet. Warum? Sie können es sich denken: Sie fürchtet die Verwandlung, weil sie sich nicht ganz sicher ist. Wir könnten ihr stundenlang vergeblich vom Meer erzählen als *der* Heimat und *der* Geborgenheit für alle Pfützen der Welt – genau, wie ich Zweifel an der Auferstehung nicht wegreden kann. Es hilft nur die Sehnsucht, die uns wachrütteln will! Wir spüren doch hin und wieder, wenn wir uns von Hast und Stress und Medien nicht vereinnahmen lassen, dass der Partner, die Partnerin, die Kinder, der Wohlstand letztlich nicht genügen. Es muss darüber hinaus mehr geben als all das!

   Deshalb stand in dieser Geschichte von der Pfütze nach dem langen Gespräch ein paar Tage danach ihre Botschaft im Sand, die lautete: »Danke, du hast meine Sehnsucht geweckt. Als die Sonne mich umarmte in all der neu entdeckten Zärtlichkeit, konnte ich nicht widerstehen und tanzte mit ihr empor zu den Pfaden der Wildgänse, die mir den Weg zeigen werden zum Meer. Komm bald nach! Und vergiss nicht …« (frei nach Schubert/Horton).

Die Sonne Gottes umarmt jetzt den Verstorbenen. Darum feiern wir jeden Sonntag diese Ostersonne, die auch uns bereit machen möge zur Verwandlung. Damit wir leichter nachfolgen können. Aber zuerst dürfen wir dem Verstorbenen danken für all die Stunden, in denen er uns den Himmel widerspiegelte *(Genaueres)*. Und wenn sich einiges unter der Oberfläche ansammelte, dann empfehlen wir das der Barmherzigkeit Gottes.

Und vergessen wir nicht die Worte der Lesung: »Seht, ich enthülle euch ein Geheimnis: Wir werden alle verwandelt werden.« (1 Kor 15,51).

26. Wie ein Delfin

Symbol

Ein Delfin (besonders auf Urnen ein beliebtes Motiv).

Hinweis

Besonders geeignet bei einem heiteren, positiv gestimmten Menschen, der sehr aktiv war.

Lesungen

Röm 8,31b–35.37–39: Was kann uns scheiden von der Liebe Christi?
(Siehe Messlektionar VII, S. 448; Die Begräbnisfeier, S. 220)
Mt 14,22–33: Der versinkende Petrus erfährt Rettung.

Ansprache

1. Der Delfin auf der Urne strahlt Lebensfreude aus; er überwindet mit ansteckendem Schwung Hindernisse. So erlebten wir den Verstorbenen in seiner manchmal überschäumenden Lebensfreude *(Genaueres aus seinem Leben: Zum Beispiel Liebe zur Musik, Geschicklichkeit, schnelle Auffassungsgabe, Fröhlichkeit).*
2. Heutzutage werden Delfine mit großem Erfolg in der Therapie schwerstbehinderter Kinder eingesetzt, weil ihre Nähe Lebensmut schenkt. So haben wir N. N. in den Gemeinschaften erlebt, in denen er sich engagiert hat und uns half, manche Verzagtheit zu überwinden *(Genaueres aufzählen).*
3. Sie werden erstaunt sein, wenn ich Ihnen sage, dass der Delfin in den ersten Jahrhunderten nach Christus häufig auf christlichen Sarkophagen, Fresken, Lampen und Schalen abgebildet wurde (im Refektorium der Benediktinerabtei Maria Laach tummeln sich welche um das Kreuz über dem Abtplatz). Dem lag die Erfahrung zugrunde, dass Delfine als Retter erlebt wurden, die ins Meer Gestürzte auf ihrem Rücken ans sichere Ufer brachten. Und weil wir glauben, dass Jesus als Retter die Verstorbenen in die Ewigkeit

führt, rückte der Delfin in die Nähe des Kreuzes oder eines Ankers, bis er später durch das Fisch-Symbol verdrängt wurde. Rettung aus höchster Not, wie wir das eben beim untergehenden Petrus gehört haben! So dürfen wir den Verstorbenen N. N. jetzt Christus anempfehlen, dass er ihn ans rettende Ufer bringt.

Wir danken, dass wir N. N. in unserer Mitte haben durften – mit all seiner Begeisterung und seinem Schwung, und wünschen denen, die jetzt mit einem leeren Platz an ihrer Seite fertigwerden müssen, dass sie trotz all ihrer Trauer mit Blick auf den auferstandenen Christus an ein Wiedersehen bei Gott glauben.

27. Vom Geheimzeichen »Fisch« …

Symbol

Auf der Urne sind einige Fische abgebildet oder Abbildung mit mehreren Fischen.

Hinweis

Besonders geeignet bei einem Angler.

Lesungen

Phil 3,20–21: Unsere Heimat ist der Himmel.
(Siehe Messlektionar VII, S. 457; Die Begräbnisfeier, S. 228)

Joh 21,1–14: Sie erkannten den Auferstandenen beim Essen des Brotes und des Fisches.

Ansprache

1. Stundenlang saß er still am Wasser, in Gedanken versunken, und angelte … Doch manchmal war er selbst munter wie ein Fisch im Wasser. Das Symbol auf der Urne (auf der Traueranzeige o. Ä.) spiegelt etwas wider, was die Familie bestätigen kann: Er war ihr Lebenselixier, ihre Lebendigkeit, ihr Mittelpunkt *(Genaueres aufzählen: Wie lange verheiratet? Kinder und Enkel? Beruf).*

2. Die (zwei) drei Fische deuten auf eine Gemeinschaft hin. Es gibt eine Erzählung über den winzigen Fisch Swimmy, die schon Kindergartenkinder erzählt bekommen. Dieser kleine, schwarze Fisch hat beobachtet, wie die kleinen Fische von den großen verschlungen werden. Er erkannte, dass sie nur eine Chance haben, wenn sie sich zusammentun. So wird Swimmy der Kopf bzw. das Auge eines riesigen Fisches, der aus den Schwärmen vieler kleiner Fische imposant daherschwimmt und jetzt den anderen Achtung abverlangt.
   Wir Christen können auch heute nur dem Verschlingen durch Massenmedien, übergeordneten Wirtschaftsinteressen oder Populismus entgehen, wenn wir starke Gemeinschaften bilden, in denen wir uns gegen manche negativen Tendenzen unserer Zeit abschotten. Da danken wir dem Verstorbenen für seinen außergewöhnlichen Einsatz, unsere Reihen zu stärken *(Genaueres!)*.
3. Der Fisch war ein *Geheimzeichen* der ersten Christen. Wer in den Verfolgungszeiten nur den Kopf aufmalte, zeigte damit die Richtung zu der Stelle an, wo sich an geheimen Orten die Christen trafen.
   Dieses Geheimzeichen finden Sie heutzutage manchmal links hinten auf Pkws mit dem Kopf zur Straßenmitte. Das ist kein Hinweis darauf, dass der Besitzer einem Angelverein angehört, sondern ist das offene Bekenntnis: »Ich gehöre zu den Christen. Ich schwimme hinter Jesus, dem – im Griechischen – *Ichtys* her, was übersetzt so viel heißt wie: ›Jesus Christus, Sohn Gottes, Heiland.‹«
   (Falls das zugetroffen hat: ergänzen!) So danken wir dem Verstorbenen, dass er auch öffentlich bekannte: Ich gehöre zu Jesus Christus. Dazu braucht es Menschen mit Format, die wie Fische nicht mit, sondern gegen den Strom schwimmen. *(Hier können jetzt positive Beispiele von dem Verstorbenen erwähnt werden.)*
   Wer sich Jesus anvertraut, sozusagen hinter ihm herschwimmt, der braucht nicht die Richtung zu suchen, der ist orientiert; der findet das Ziel des Lebens. So wie die Jünger Jesus beim Essen der Fische erkannten (Joh 21,12ff) als den, der den Tod überwunden hat und auch uns in sein Reich führen will. Das erbitten wir auch jetzt im Gebet (und bei der Messfeier) für unseren Verstorbenen.

28. Fleißig wie eine Biene

Symbol/Vorbereitung

Eine kleine künstliche Biene auf einem Stück Wabe (eventuell eine Kerze aus Bienenwachs).

Hinweis

Bei einem besonders fleißigen, umtriebigen Menschen.

Evangelium

Mt 5,3–12: Worte Jesu, die uns wie Honig auf der Zunge zergehen können: die acht Seligpreisungen.

(Vgl. Messlektionar VII, S. 463; Die Begräbnisfeier, S. 252)

Joh 14,1–3b: Jesus bereitet uns die himmlischen Wohnungen vor = die Waben, in denen wir uns für das Leben mit Gott verwandeln.

(Vgl. Messlektionar VII, S. 498)

Ansprache

1. N. N. war eine ausgesprochen fleißige Person. *(Beispiele nennen: Familie, Garten, Vereine, in der sie diverse Ämter begleitete, usw.)* Ich musste manchmal an die Bienen denken: Für *ein* Pfund Nektar muss *eine* Biene ca. 120.000 Flugkilometer zurücklegen, also fast dreimal um die Erde fliegen. Darum habe ich Ihnen diese kleine Biene auf der Wabe mitgebracht. *(L. zeigt sie)*
2. N. N. hat immer sozial gedacht. Als hätte sie wie eine Biene gewusst: Wir sind auf Gemeinschaft hin angelegt. Wenn nicht immer wieder Menschen über die reine Erwerbsarbeit hinaus auch Aufgaben in Staat oder Kirche übernehmen würden, wäre unsere Gesellschaft und unser Miteinander, wie wir es kennen, gefährdet. – Wenn eine Biene eine »Trachtquelle«, zum Beispiel einen blühenden Apfelbaum, entdeckt hat, dann behält sie das nicht für sich, sondern beginnt einen »Rundtanz« oder – bei größeren Entfernungen – einen »Schwänzeltanz«, um diesen Schatz der ganzen Gemeinschaft zu offenbaren! Selbstlos! *(Beispiele aus dem Leben von N. N. erzählen)*

3. Bei allem orientiert sich die Biene an der Sonne – wie wir uns auch an der Sonne Gottes orientieren können. Wir haben im Evangelium eben das Wort Gottes sozusagen wie Honig aufnehmen dürfen – wie im Alten Testament der Prophet Ezechiel bemerkte, als Gott ihm die Buchrolle mit dem Wort Gottes schmecken ließ (Ez 2,8–10;3,1–3): Es schmeckte süß wie Honig. – Und wie ja auch schon die Israeliten auf ihrer Wüstenwanderung das Manna aßen, das »Brot vom Himmel«, das süß schmeckte wie Honigkuchen.
4. Hier vorne am Altar/neben dem Sarg haben wir eine Kerze aus Bienenwachs aufgestellt: Indem diese Kerze verbrennt, schenkt sie anderen Licht und Freude. Auch das ist ein Symbol für unsere liebe Verstorbene, die sich so für andere einsetzte.

Wir danken N.N., als einer unersetzlich fleißigen »Biene«, die sich jetzt in den Wohnungen Gottes, in den Waben Gottes verpuppen darf für das eigentliche Leben mit Gott.

(L. lehnt Biene und Wabe gegen das Altarkreuz, einen Kerzenständer oder stellt sie an einen anderen geeigneten Ort)

29. Der Mensch gleicht dem Baume

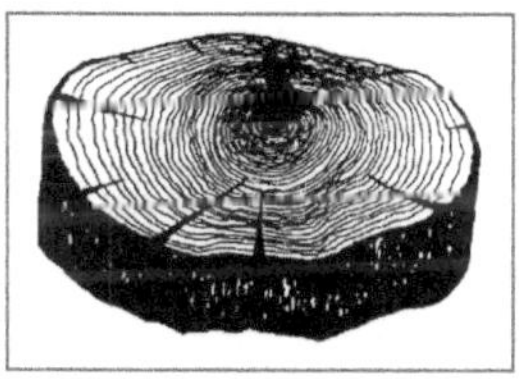

Symbol/Vorbereitung

Eine Baumscheibe, die ca. 60–80 Jahresringe zeigt.

Lesungen

Offb 22,1–5: Die Bäume des Lebens tragen jeden Monat Früchte.

Joh 11,25–27: Wer an mich glaubt, wird leben, auch wenn er stirbt.
(Vgl. Messlektionar VII, S. 493; Die Begräbnisfeier, S. 276)

Joh 12,24–26: Wenn das Weizenkorn nicht in die Erde fällt.
(Vgl. Messlektionar VII, S. 497; Die Begräbnisfeier, S. 280)

Ansprache

In den letzten Jahren häuft sich bei Todesanzeigen in den Zeitungen die Darstellung eines Baumes; oft ist es ein Baum, an dem ein Ast abgebrochen ist. Den Baum kennen alle Weltreligionen als Symbol. Er ist ein schönes Sinnbild für den Menschen: Mit der Erde verwurzelt, steht er aufrecht da und streckt sein Laubwerk, seine »Arme«, zum Himmel. Eines Tages bricht er zusammen; aber seine Früchte leben weiter.

Hier habe ich eine Baumscheibe, auf der ich etwa 60–80 Jahresringe zählen kann; das entspricht ungefähr dem Alter, das die Verstorbene erreichte. Wir können an jedem Jahresring ablesen, ob das Jahr sehr feucht oder trocken, mit mehr oder weniger Sonne verbunden war.

So gab es auch im Leben der Verstorbenen enge Jahresringe, trockene Jahre *(jetzt darauf eingehen, was an Leid, Krankheit, Schicksalsschlägen … zu schaffen machte)*. Aber es gab auch breite Ringe: lebendige Einflüsse, die schneller wachsen ließen *(jetzt auf das Positive eingehen, auf die besonderen Talente und das Engagement in Gemeinschaften; ja Berufungen, die wir an ihr geschätzt haben)*. Die innersten Ringe sind die abgehärtesten, das Rückgrat des Baumes. Trotzdem mussten auch sie gesund bleiben, damit ein Sturm ihm nichts anhaben konnte. Was die Verstorbene in guten und bösen Tagen hielt, war ihr Glaube (Liebe, Hoffnung), sich letztlich von Gott gehalten zu wissen, sich aber auch an der Hand Jesu wie im Windschatten zu bewegen. Wir danken ihr für dieses Zeugnis.

Wir wissen aus der Bibel: Vom Baum des Paradieses – auch sinnbildlich gesprochen – kam der Tod, und vom Baum des Kreuzes kam die Erlösung. Wir wünschen der Verstorbenen, dass ihr jetzt der Weg zum Paradiesesbaum an den Wassern des Lebens offensteht und sie hier die Früchte zu neuem Leben pflücken darf – wie wir es eben in der Lesung gehört haben.

Wir aber stehen noch in manchen Stürmen des Lebens. Wir wissen nicht, wie viele Jahresringe wir noch bilden können. Aber wir dürfen mit Rainer Maria Rilke sprechen: »Wir werden den letzten vielleicht nicht vollbringen, aber versuchen wollen wir ihn.«

30. Dem Licht entgegen

Symbol

Auf der Urne/der Trauerkarte/der Traueranzeige ist ein Herbstwald zu sehen: Die Sonne leuchtet im Gegenlicht durch alle Bäume.

Hinweis

Gut geeignet bei einem leidenschaftlichen Wanderer.

Lesungen

Ps 27,1–5: Der Herr ist mein Licht und mein Heil.
Joh 11,25–27: Wer an mich glaubt, wird leben, auch wenn er stirbt.
(Vgl. Messlektionar VII, S. 493; Die Begräbnisfeier, S. 276)

Ansprache

Wir nehmen Abschied von N. N. Er war ein leidenschaftlicher Wanderer und hat oft nachempfunden, was wir eben zu Beginn gesungen haben: »Wir sind nur Gast auf Erden und wandern ohne Ruh mit mancherlei Beschwerden der ewigen Heimat zu« (GL 505). Auf diesem erwanderten Weg durfte er auch beglückende Erfahrungen und Begegnungen machen *(Genaueres: Heirat, Kinder, Enkel, Erfolg im Beruf, Hobbys …)*.
Auf der Urne (auf dem Liedblatt …) sehen wir die Bäume eines Waldes im Gegenlicht. Dadurch wirken sie dunkel und bedrohlich. Wer hier ohne Licht weiterwandert, steht in der Gefahr, sich die Stirn blutig zu schlagen, sich im Dornengestrüpp zu verfangen, über Wurzeln zu stolpern oder gar in einen Graben zu fallen. Zweifel und Sorgen wurden auch N. N. nicht erspart *(Genaueres)*.
Uns Menschen ist für diese finsteren Abschnitte unseres Lebens die »Sonne der Gerechtigkeit« (GL 481) angeboten, die wir in Jesus Christus oft besingen. Er ist das Licht, das auch Trauer und Tod erhellen will. Wie wir in der Lesung gehört haben: Der Herr ist mein Licht und mein Heil. Wen soll ich fürchten?
Alte Kirchen sind immer nach Osten ausgerichtet, zum Aufgang der Sonne hin. Schon beim Betreten der Kirche gehen wir symbolisch der

Sonne entgegen und damit dem wiederkommenden Christus. N.N. glaubte an diese Sonne, die auf der Urne im Gegenlicht zu sehen ist und die Gefahr der Hindernisse auflöst. Wer sich wie er diesem Licht anvertraut, überwindet die Mächte des Todes und darf bald das Halleluja singen. Trösten wir einander mit diesen Worten – bis wir ihn wiedersehen!

31. Abschied in der Blumensprache

Symbol/Vorbereitung

Blumen, die um den Mai herum blühen. Eine Vase mit folgenden Blumen: Tulpe, Flieder, Löwenzahn/Pusteblume, Himmelsschlüssel, Vergissmeinnicht.

Hinweis

Besonders geeignet bei einer Blumenfreundin.

Lesungen

1 Joh 3,14–16: Wer nicht liebt, bleibt im Tod.
(Siehe Messlektionar VII, S. 462; Die Begräbnisfeier, S. 232)

Mt 5,1–12a: Die Seligpreisungen, die sich in der Sonne Gottes erfüllen.
(Siehe Messlektionar VII, S. 463; Die Begräbnisfeier, S. 252)

Ansprache

Leider durfte unsere liebe Verstorbene kein hohes Alter erreichen, aber es kommt ja nicht auf die Zahl der Jahre an, sondern *wie* sie die Jahre gelebt hat. Und da darf ich poetisch sagen: Sie hat wie ein bunter Blumengarten gelebt und andere erfreut. Einige Beispiele: *(Hier einiges aus dem Leben ergänzen)*

1. Hier die *Tulpe*: Sie ist nach oben geöffnet. Die Verstorbene wusste: Ich kann mich um alles bemühen, aber entscheidend ist, dass ich bei aller Arbeit den Segen von oben erhalte. So wie bei einem Kelch oder einer Schale, der Tulpenblüte ähnlich, die von oben gefüllt wird.

2. Der *Flieder* hier duftet betörend. Die freundliche Art der Verstorbenen, gewürzt mit trockenem Humor, und ihre ehrliche Hilfsbereitschaft wirkten wie ein Duft in unserer Mitte und beflügelten auch alle, die ihr begegneten *(Beispiele aus dem Leben nennen).*
3. Der *Löwenzahn* blüht jetzt überall. Aber mehr noch ruft die Pusteblume unser Erstaunen hervor: Es geht, was an Gutem ausgeteilt wurde, nie verloren. Der Wind Gottes trägt diesen Samen oft dahin, wo wir ihn nicht mehr sehen oder erahnen. Mögen besonders die Enkel *(evtl. Namen nennen)* etwas von ihr wieder aufblühen lassen, an dem wir uns alle erfreuen können.
4. Am *Himmelsschlüssel* dürfen wir in diesen Wochen nicht gedankenlos vorübergehen. Was schließt uns den Himmel auf?: die Sehnsucht, dass es mehr geben muss als das, was man kaufen und konsumieren kann. Wir haben es in den Seligpreisungen gehört: Freuen dürfen sich alle, die meinen, mit leeren Händen vor Gott zu stehen; die keine Gewalt anwenden; die ein Herz haben für die Tiere und Pflanzen und besonders für die Menschen in Not; die Frieden stiften – ja, die werden nicht nur Freunde Gottes genannt, sondern Töchter und Söhne Gottes. Freut euch und jubelt: denen steht der Himmel offen.
5. Hier habe ich noch ein *Vergissmeinnicht* – auch ein wunderschönes Wort für Liebende – im leichten Blau, der Farbe der Treue, des Vertrauens und des Glaubens an Gott. Und dieser Gott wird – darum beten wir jetzt und darauf hoffen wir –, dieser Gott wird jetzt zur Verstorbenen sprechen: Ich vergesse dich nicht. Komm, tritt ein in die Freuden, die auf dich warten.

(L. stellt die Vase auf den Altar oder an eine andere geeignete Stelle)

32. Gott spricht: »Ich vergesse dich nicht!«

Symbol/Vorbereitung

Vergissmeinnicht-Samen für alle oder eine Schale mit Vergissmeinnicht.

Lesungen

Jes 49,13.15–16a: Ich vergesse dich nicht!
Joh 6,35–40: Mein Vater will, dass ich keinen zugrunde gehen lasse.

Ansprache

Bei einem Gang über den Friedhof können wir feststellen, wie schnell ein Mensch oft vergessen wird. Aus dem Augen, aus dem Sinn?
Hier habe ich eine Pflanze mitgebracht, die jedes Jahr neuen Samen auswirft: das Vergissmeinnicht.
Wir nehmen Abschied von Frau N. N. Sie hat es verdient, dass wir sie nicht vergessen. Die kleinen, blauen, treuen Augen der Blume erinnern an all das, was die Verstorbene bescheiden und treu immer wieder und jahrelang getan hat *(hier aufzählen)*.
Blau ist die Farbe des Vertrauens und des Glaubens. So hat Frau N. sich auch immer im Gebet und hier im Gottesdienst neue Kraft geholt. *(Wo dies zutrifft:)* Die Blume passt auch, wenn wir daran denken, wie sehr sie Maria verehrt und auf deren Fürbitte vertraut hat *(Beispiele; Fahrten zu Wallfahrtsorten; Blau ist die Farbe Marias)*.
Spätestens in einer Generation, wenn das Grab aufgelöst werden muss, verblasst die Erinnerung. Ist das, was wir eben in den Lesungen gehört haben, da nicht ein großer Trost? Gott spricht: »Wenn alle dich vergessen, ich vergesse dich nicht! Ich habe dich eingezeichnet in meine Hände!«
Auch Jesus sagt: »Mein Vater will, dass ich keinen zugrunde gehen lasse.« Er steht auf unserer Seite! Das ist doch ein wahrer Trost: Wir kommen aus Gott und unser Herz wird erst wieder ruhig, wenn wir in ihm münden und als seine Ebenbilder in Ewigkeit nicht vergessen sind. So trage ich uns auf: Vergessen wir einander nicht!

33. Durch die Rose gesprochen

Symbol/Vorbereitung

Eine Rose.

Lesungen

Röm 8,31b–35.37–39: Was kann uns scheiden von der Liebe Christi?

(Siehe Messlektionar VII, S. 448; Die Begräbnisfeier, S. 220)

Joh 15,9–12: Bleibt in meiner Liebe.

Ansprache

Die Symbole in den Todesanzeigen haben sich verändert, und oft fehlt heute ein Kreuz. Aber es tauchen alte Symbole neu auf, die den Menschen in vielen Jahrhunderten zu etwas Liebgewordenem herangewachsen sind. Dazu gehört auch die Rose:

Sie war schon im Brautstrauß; im Blumenstrauß des Dankes, der nach der Geburt des Kindes überreicht wurde; im Strauß, der am Muttertag überreicht wurde, als ein Zeichen der Aufmerksamkeit; und jetzt als Blumengebinde auf dem Sarg *(alternativ:* als Symbol auf der Urne). Und Rosen werden noch ins Grab geworfen.

Immer spricht Liebe durch eine Rose, wenn uns Schönheit begegnet oder Wärme oder Zärtlichkeit. Im Rot der Blütenblätter liegt Sonne, Sommer und eine Liebe bis hin zur Leidenschaft. So danken wir jetzt für die Liebe der Verstorbenen, die sich manchmal wie ein Duft verströmte *(hier auf die positiven Eigenschaften eingehen).*

Aber keine Liebe ohne Leid. Kaum nimmt man die Rose fest in die Hand, schon hat man sich an einem Dorn verletzt, auch wenn die Gärtnereien – dem Trend der Zeit entsprechend – die Dornen entfernt haben. Es bleiben die unsichtbaren, die oft noch mehr wehtun *(jetzt auf die Dornen im Leben der Verstorbenen eingehen: auf die Schicksalsschläge, auf Krankheit, auf Verletzungen und Enttäuschungen).*

Aber Gott sei Dank gibt es ja die grünen Blätter der Hoffnung, die selbst in Tagen der Krankheit uns immer wieder neu aufrichten können. Im Angesicht des Todes ist es die starke Hoffnung auf die Auferstehung. »Was kann uns scheiden von der Liebe Gottes?«, hieß es in der Lesung. Und im Evangelium: »Bleibt in meiner Liebe!« Christus hat am Kreuz sein Herzblut für uns hingegeben, er lässt auch im Tod unsere Hand nicht los. Das ist unsere Hoffnung und ist unser Glaube!

(L. legt die Rose auf den Altar oder an eine andere gut sichtbare Stelle)

34. Die Lutherrose

Symbol/Vorbereitung

Zeichnung frei nach der Lutherrose, auch in den Bestandteilen zum Aufheften auf blauen Flanell: Herz, Christrose, goldener Ring und schwarzes Kreuz.

Hinweis

Besonders bei konfessionsverschiedenen Ehen geeignet, auch in der Weihnachtszeit.

Lesungen

1 Joh 3,14–16: Die Liebe zählt.
(Siehe Messlektionar VII, S. 462; Die Begräbnisfeier, S. 232)
Mt 5,1–12a: Was denen versprochen ist, die auf Gott vertrauen.
(Siehe Messlektionar VII, S, 463; Die Begräbnisfeier, S. 252)

Ansprache

1. *(L. legt das Herz in die Mitte des blauen Untergrundes)* Das *Herz* besagt: Auf die Liebe kommt es im Leben an. Ein liebendes Herz ist die größte Macht. So werden wir am Ende des Lebens nicht nach unseren Zeugnissen gefragt oder wie groß unser Besitz war. Die letzte entscheidende Frage lautet: Hast du geliebt?

Wir danken für die Liebe des Verstorbenen *(hier Kinder und Enkel aufzählen, das Engagement in Beruf und Freizeit).*

2. All diese Liebe kommt aus Gott. Davon war auch der Mönch Luther überzeugt, der dieses Wappen, das hier entsteht, für seine Familie entworfen hat. Und weil die Liebe Gottes im Stall von Betlehem für uns sichtbar wurde, hat er eine *Christrose* um das Herz gelegt. Dieses Kind in der Krippe hat uns erlöst und uns von der Barmherzigkeit Gottes erzählt. Und auch wenn wir im Leben hinter unseren Möglichkeiten bleiben, dürfen wir immer darauf vertrauen, dass Gott den Mantel seiner Barmherzigkeit über uns breiten wird und über alles, was wir falsch gemacht haben.
3. Auf den ersten Blick lässt der *goldene Ring* auf die Ehe schließen: … *(Anzahl)* Jahre haben Sie in guten und bösen Tagen zusammengehalten. Aber dieser Ring will mehr auf Gott deuten, der ohne Anfang und Ende ist und der uns in sein Reich holen will: ins himmlische Jerusalem, das ja ganz aus »Gold« besteht. Und weil uns Jesus von der Treue Gottes zu seiner Schöpfung erzählt hat, dürfen wir uns auf das himmlische Jerusalem freuen und es auch dem Verstorbenen wünschen.
4. Das *schwarze Kreuz* hefte ich auf das Herz. Das Schwarz erinnert uns an schwarze Stunden voller Trauer und Leid *(Genaueres!)*, an all die Lasten auf der Seele, die manchmal überfordern. Aber das Kreuz liegt auf dem Herzen: Die Liebe ist stärker.
5. Zuletzt: Sie sehen den *blauen* Untergrund – die Farbe des Himmels. Das Blau symbolisiert den Glauben an Gott und unsere Treue zu ihm und seine zu uns. Wer auf Gott vertraut, hat es im Leben leichter und darf zuletzt all das erfahren, was wir im Evangelium gehört hatten: die Seligpreisungen. Freuen dürfen sich alle, die arm sind vor Gott, die einmal mit leeren Händen vor Gott stehen. Freuen dürfen sich alle, die keine Gewalt angewandt haben; die barmherzig waren; die Frieden stifteten; die ertrugen, dass sie für ihren Glauben verlacht wurden. All denen gehört das Himmelreich. Dass wir uns dort mit unseren Verstorbenen einmal wiedersehen, das ist die große, frohe Hoffnung unseres Glaubens.

35. Im Gleichnis des Weinstocks

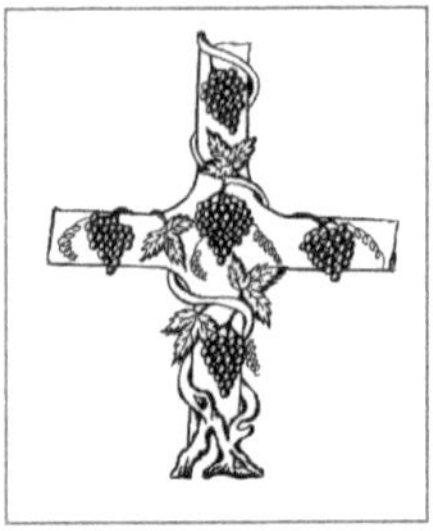

Symbol

Auf der Urne oder in der Todesanzeige oder auf dem Liedblatt ist ein Kreuz mit Weinstock und Reben zu sehen.

Hinweis

Besonders geeignet in Weinanbaugebieten.

Lesungen

1 Kor 15,12–22: Ohne Auferstehung Jesu bleibt unser Glaube letztlich sinnlos.
Joh 15,1–5: Wer mit dem Weinstock Christus verbunden bleibt, bringt reiche Frucht.

Ansprache

(Bitte auswählen!)

1. Wir sehen auf der Urne (in Ihrer Traueranzeige, auf dem Totenzettel) einen Weinstock mit Reben, der sich am Kreuz gehalten weiß. So war N. N. Er suchte und fand Halt im Leben, indem er sich am Kreuz orientierte. Es sieht zunächst oberflächlich so aus, als würde unsere Freiheit eingeengt, wenn wir uns ans Kreuz binden. (Gott lässt uns auch die Freiheit, wenn wir uns nicht an ihn binden wollen.) Für N. N. wurde das Kreuz der Rückhalt und so Halt für die ganze Familie *(Dauer der Ehe, Kinder und Enkel nennen)*. Ja, es war seine Mitte, auch überall da, wo er sich engagierte *(Genaueres)*.
2. Sie kennen sich vielleicht im Weinanbau aus: Noch vor dem Frühjahr schneidet der Winzer bis zu 90 Prozent des Holzes ab, das im letzten Jahr gewachsen ist, sonst würde die Rebe unkontrolliert weiterwachsen. Im Frühjahr »weint« dann die Rebe an den Schnittstellen. So flossen auch bei N. N. die Tränen, als der himmlische Rebmeister sein Leben beschnitt *(Genaueres: Krankheit, Tod eines geliebten Menschen)*. Meist gibt es auf die Frage nach dem »Warum«

keine Antwort; vielleicht hilft ein »Wozu?« weiter. Oft können wir später erkennen, dass der Schnitt uns in eine neue Reife führte.

3. Wenn ein strenger Frost die zarten Knospen eines Rebstockes zerstört, erhält er eine zweite Chance: Es werden neue Augen im Rebholz aktiviert. So hat auch N. N. einem scharfen Frost ins Gesicht schauen müssen *(Genaueres)*. Mit Gottes Hilfe entstand Neues.
4. Jesus spricht davon: Wer mit mir verbunden bleibt, bringt reiche Frucht! So dürfen wir dankbar sein für vieles, was N. N. uns geschenkt hat *(Genaueres)*.
5. Manche von uns kennen den Ablauf: In der Weinpresse werden die Früchte, die Beeren, zum Traubenmost zerquetscht. Aus dem Saft entsteht schließlich in einem Gärungsprozess der Wein, der unser Herz nach Zeiten der Arbeit und Mühsal erfreut: So ist alles im Leben Verwandlung! Zum Beispiel schlüpft aus der Raupe der Schmetterling. Auch Jesus stieg in die Kelter des Kreuzes, um ausgepresst zu neuem Leben zu erstehen.

Wir müssen jetzt auch ertragen, dass N. N. die letzte Verwandlung mitmacht, um am himmlischen Hochzeitsmahl teilzunehmen. Da gibt es einen Zusammenhang: Jesus begann das öffentliche Wirken mit einer Hochzeit, auf der er Wasser zu Wein verwandelte; er möchte uns in der Verwandlung im Tod reif machen für das himmlische Hochzeitsmahl. Wenn auch wir im Leben mit dem Weinstock Christus verbunden bleiben, dürfen wir N. N. wiedersehen.

36. Der Mensch blüht wie die Blume des Feldes

Symbol/Vorbereitung

Löwenzahn – Pusteblume.

Hinweis

Auch geeignet für Menschen aus der Landwirtschaft.

Lesungen

Ps 103,8.11–17: Fährt der Wind über die Blume des Feldes (= der Mensch), ist sie dahin.

Joh 14,1–2: Ich gehe, um einen Platz für euch vorzubereiten.

(Vgl. Lektionar VII, S. 498; Die Begräbnisfeier S. 281)

Ansprache

Sie haben, liebe Trauernde, auf die Traueranzeige das Symbol einer Pusteblume gesetzt. Sie kann daran erinnern – wie wir das im Psalm 103 beten und eben gehört haben: »Des Menschen Tage sind wie Gras, er blüht wie die Blume des Feldes. Fährt der Wind darüber, ist sie dahin, der Ort, wo sie stand, weiß von ihr nichts mehr« (Ps 103,15f).

Vielleicht hat Sie der Löwenzahn bei Ihrer Arbeit schon oft geärgert, weil er sich überall sein Terrain erobert und zäh verteidigt. Aber an dieser Blume haben Sie ein Leben lang das Geheimnis des Lebens vor Augen, und es ist leicht aufzuzeigen, wie »die Huld des Herrn immer und ewig dauert« – so fährt der Psalm ja fort.

In einem Lied heißt es: »Niemals geht man so ganz, irgendwas von mir bleibt hier, es hat seinen Platz immer bei dir.« Wie die kleinen Fallschirme der Pusteblume überall hinfliegen, so können auch die guten Seiten des Verstorbenen Sie überallhin begleiten und Wurzeln schlagen *(hier einiges aufzählen)*. Das sind die Samenkörner für die Generationen von morgen.

Aber dass der Verstorbene nur so in unserer Erinnerung fortbesteht, wäre zu wenig. Als Glaubende erhoffen wir ja die Auferstehung. Darum schauen wir genauer auf diese Blume: Zuerst blüht sie in prallem Gelb wie eine goldene Sonne. Aber dann, wenn sie verblüht ist und alles zu Ende scheint, setzt ein wunderbarer Verwandlungsprozess ein, den niemand erwarten würde, wenn wir ihn nicht tausendmal beobachten könnten: An die Stelle der Blütenblätter treten kleine Fallschirme, die alle Kraft der Blume hundertfach forttragen.

Diesen Verwandlungsprozess erwarten wir auch im Tod: Die Seele bildet eine neue Existenz, die nicht mehr Raum und Zeit unterworfen ist, die aber alle Erfahrungen und Reifeprozesse mit sich nimmt. Dieser neue

Mensch, diese neue Existenz, ist ganz erfüllt von der Sonne, der Liebe Gottes, die er jetzt erfahren darf. In ihm haben wir einen Freund auf der anderen Seite des Lebens, der, wenn Gott alle Schuld von ihm abgewaschen hat, »über die Luftbrücke Gottes« auch für uns bitten kann – wie wir jetzt für ihn.

Wenn sich einmal für uns nach der kräftigen Farbe unserer Haare das blasse Weiß auf unserem Kopf zeigt und wir doch dabei die besondere Liebe der Enkel erfahren dürfen, dann erinnern Sie sich an die Pusteblume und ihren wunderbaren Verwandlungsprozess, um auch in den Tagen des Alters der großen Verwandlung im Tod entgegenzusehen.

37. Wie eine Seerose

Symbol/Vorbereitung

Eine Seerose, groß gemalt, fotografiert oder eine Blüte in Salz getaucht.

Lesungen

Jes 58,6a–11: Licht in der Dunkelheit durch Liebe zum Nächsten.
Joh 8,12 u. Mt 5,14–16: Ich bin das Licht, ihr seid das Licht für die Welt.

Ansprache

Mit dem Symbol einer Seerose möchten Sie Abschied nehmen von N. N. Sie haben sie in Ihrer Todesanzeige (auf der Urne) abgebildet. Die Seerose gilt in anderen Ländern, wo sie Lotusblume genannt wird, sogar als heilige Blume. Sie steht für den Menschen: Denn wir kommen aus dem Wasser, werden getragen vom Wasser und öffnen uns für das Licht, die Sonne am Himmel.

1. Wir Menschen sind mit dem Erdreich verwurzelt, ziehen Kraft aus der Tiefe im Wasser, nicht zuletzt schon in den Monaten vor der Geburt.

   Kraft aus der Tiefe heißt im übertragenen Sinne, was vor allem die Benediktiner-Mönche immer auf den einfachen Nenner gebracht haben: Bete und arbeite. Man beachte die Reihenfolge. So hat N. N.

das eigene Haus gebaut, war im Beruf als … *(nennen)* viele Jahre in der Arbeit verwurzelt. Aber Arbeit und Wohlstand allein sind zu wenig. Da darf auch einmal die Stille in der Natur genossen werden oder der Dank an unseren Schöpfer uns daran erinnern, dass wir letztlich Empfangende sind.

2. Das *Wasser trägt* die Seerose. Wir brauchen Gemeinschaft, die uns trägt und die wir tragen. Seit … *(Anzahl)* Jahren war N. N. verheiratet, und da waren viele, die einander trugen: … *(Anzahl)* Kinder und … *(Anzahl)* Enkel. Gerade die Enkel, für die Sie als Großeltern viel Zeit hatten, sind doch in der Mitte der Jahre ein großes Geschenk und in der Regel besteht ein liebendes Miteinander. Aber auch die Familie braucht noch die größere Gemeinschaft, wie die größere Gemeinschaft die Familien braucht. So danken wir N.N., dass er sich in der Gesellschaft engagierte *(aufzählen: Chorarbeit, Sport, Pfarrgemeinderat …).*
   Dann kann sogar ein Sturm kommen: Er kann die Blätter der Seerose zerfetzen, aber ihre langen Wurzeln sind durch das Wasser gehalten und geschützt. Wir brauchen dieses Geben und Nehmen, dieses Nehmen und Geben, wenn Gemeinschaft gesund bleiben soll.
3. Die Seerose braucht die *Kraft aus der Höhe*: Sie öffnet sich erst, wenn die Sonne scheint. Wenn wir die Seele in die Sonne Jesu Christi, in das Licht der Welt, halten, dann können wir genügend Strahlen einfangen und so das Licht der Sonne in diese Welt hineinspiegeln. Wir werden am Ende nicht danach beurteilt, ob wir regelmäßig in die Kirche gegangen sind, wir werden vielmehr nach der Liebe gefragt.
   (Wenn es auf den Verstorbenen oder die Verstorbene zutrifft:) Aber die Kirche mit ihrem Turm als Zeigefinger nach oben kann dabei Stütze sein für alle, die nicht immer nur stark sein können – und wer kann das schon immer? Auch N. N. hat hier Kraft geschöpft.
   Wir lassen ihn jetzt los, danken dafür, dass wir ihn gehabt haben und legen ihn in die großen Hände Gottes, dass sie ihn umschließen und ihm das ewige Glück schenken.

(L. legt die Seerose gut sichtbar hin)

38. Die immergrüne Zukunft

Symbol/Vorbereitung

Eine Efeuranke.

Hinweis

Vor allem geeignet, wenn der/die Verstorbene die Natur besonders liebte.

Lesungen

1 Petr 1,3–9: Durch die Auferstehung Jesu Christi haben wir eine lebendige Hoffnung.

(Siehe Messlektionar VII, S. 461)

Joh 15,4–5: Bleibt mit mir verbunden.

Ansprache

Sie sehen auf dem Sarg (oder um die Urne) ein Gebinde aus Efeuranken. Dies hat einen guten Grund:

Der Verstorbene war ganz *eng mit der Natur verbunden*. Er ging gerne im Wald spazieren und machte mit der Familie meist in waldreichen Gegenden Urlaub *(eventuell Beispiele nennen, im Schwarzwald o. Ä.)*. Wie oft war er mit seinen Kindern unterwegs und zeigte ihnen die kleinen Wunder am Wege. Auch seine Frau ließ sich von seiner Naturverbundenheit anstecken. Wer gerne in die Natur eintaucht, weiß, wie das den positiven Lebenswillen stärkt. So hat der Verstorbene nie geklagt. Er war ein dankbarer Mensch; auch dafür, dass er mit seiner Frau *(Zahl nennen)* Jahre lang verbunden sein durfte. Und er war »umtriebig«, so wie Efeu nach allen Seiten hochrankt und nicht kleinzukriegen ist.

Efeu kann ersticken, aber auch eine sterile Wand oder einen Baumstamm verzaubern. So verbreitete N. N. überall sein Netzwerk: Er half, wo er konnte, in seinem Beruf, in Vereinen …, zuletzt im betreuten Wohnen. *(Beispiele nennen)* Dafür sagen wir herzlich: Danke!

Efeu erfreut uns als immergrüne Pflanze. Wie der Weihnachtsbaum will das Grün uns sagen: Wir glauben an einen, aus dem jederzeit neues Le-

ben strömt, wenn wir nur mit ihm verbunden bleiben. Wie wir es eben im Evangelium gehört haben: »Ich bin der Weinstock, ihr seid die Reben. Bleibt in mir, und ich bleibe in euch. Wie die Rebe aus sich keine Frucht bringen kann, sondern nur, wenn sie am Weinstock bleibt, so könnt auch ihr keine Frucht bringen, wenn ihr nicht in mir bleibt!« Das war eine Quelle der Kraft des Verstorbenen: Im Gebet und in der Mitfeier der Gottesdienste lehnte er sich an Jesus an und wuchs an ihm hoch und zog so auch seine Familie mit.
So dürfen wir darauf vertrauen, dass Jesus jetzt zu ihm spricht: »Ich lebe und auch du wirst leben!« (vgl. Joh 14,19)
(L. legt die Efeuranke so auf den Altar, dass sie vorne etwas herunterhängt = gut sichtbar bleibt)

39. Über die Luftbrücke miteinander verbunden

Symbol/Vorbereitung
Ein Ginkgoblatt.

Lesungen
1 Kor 13,4–8a.13: Die Liebe vermag alles; sie überwindet selbst den Tod.
Joh 15,9–12: Bleibt in meiner Liebe.

Ansprache
Auf Ihrer Todesanzeige (auf der Urne), liebe Trauernde, fand ich als Symbol ein Ginkgoblatt. Das ist eher ungewöhnlich. Wer sich aber in der Symbolsprache auskennt, weiß, dass Sie ein Symbol für die Liebe und die Unsterblichkeit gewählt haben.
Das zweigeteilte Blatt ist wirklich ein schönes Symbol für die Liebe: Es vermittelt den Eindruck, als ob in jedem Blatt zwei Blätter ineinander verwachsen sind; die beiden Fächer aber wachsen jeweils in eigene Richtungen. Sie konnten in Ihrer Ehe erfahren, dass Liebende zusammenhalten, aber auch ein Stück eigenständig bleiben müssen. Wie es so

treffend in der Mongolei heißt: »Wenn Mann und Frau auf demselben Kissen schlafen, haben sie dennoch verschiedene Träume.«

Bei allen eigenen Wegen und aller Selbstverwirklichung kam es natürlich auf die Treue an, sonst wäre das Ja vor dem Traualtar nicht durchzuhalten gewesen. So dürfen Sie sich an schöne Dinge erinnern *(aufzählen: wie viele gemeinsame Jahre, Kinder, Enkel, Höhen und Tiefen, die zusammen gemeistert wurden).* Wir danken Ihnen für diese Jahre gelebter Liebe, die den jungen Menschen Vorbild und Orientierung sein können.

Gemeinsam sind Sie gewachsen, ohne sich anzugleichen. Sie haben Spannungen ausgetragen und dennoch in Harmonie gelebt.

Aber jetzt hat der Tod an diesem Blatt gerissen. Hat er es genau in der Mitte auseinandergerissen? Die Lesung sagte: »Die Liebe vermag alles! Es gibt eine Liebe über den Tod hinaus!« Und Jesus weist dieser Liebe den Weg, wenn er im Evangelium sagt: »Bleibt in meiner Liebe!« Er ist jetzt gewissermaßen die Luftbrücke zu Ihrem Ehegatten, bis die beiden Hälften auf einer anderen Ebene wieder zusammengeführt werden. Er war ja auch schon der Dritte im Bund der Ehe, der Sie zusammenhalten wollte. Das ist unser Glaube, dass wir uns alle auf der anderen Seite des Lebens wiedersehen. Jesus ist gestorben und auferstanden, um eine Brücke zu schlagen von unserer sichtbaren in die unsichtbare große Welt Gottes, die uns ganz nahe ist.

Ich wünsche Ihnen, N.N., eine ganz große Hoffnung darauf. Und die möchte ich an einem Ginkgobaum aufzeigen: Dieser Baum ist ja auch ein Symbol für die Unsterblichkeit, weil er viertausend Jahre alt werden kann; also eine fast unbesiegbare Lebenskraft besitzt:

In Hiroshima, der Stadt, auf die 1945 die erste der beiden Atombomben fiel, stand ein Ginkgo nur achthundert Meter von dem Punkt entfernt, an dem die Bombe explodierte. In dieser Zone wurde die gesamte Erde verbrannt. Doch im Frühjahr 1946 geschah das Wunder: Ein frischer Trieb schob sich aus dem Wurzelstock. Der Baum hatte überlebt! Sie können verstehen, dass ganz Hiroshima dorthin pilgerte.

So eine unbändige Kraft wünsche ich Ihnen, N. N. Sie gründet sich auf den Auferstandenen. Und zu dem wollen wir jetzt für den Verstorbenen beten; aber auch darum, dass Sie und wir mit dem leeren Platz an Ihrer und unserer Seite fertigwerden.

40. Wir fallen – aber in Seine Hände

Symbol/Vorbereitung

Fallende Blätter von einem Zweig; ein buntes Blatt.

Lesungen

2 Kor 5,1.6–10: Wenn unser irdisches Zelt abgebrochen wird, haben wir eine Wohnung bei Gott.

(Siehe Messlektionar VII, S. 455; Die Begräbnisfeier, S. 227)

Joh 12,24–26: Wenn das Weizenkorn nicht in die Erde fällt …

(Vgl. Messlektionar VII, S. 497; Die Begräbnisfeier, S. 280)

Ansprache

Sie haben, liebe Trauernde, als Symbol auf der Todesanzeige (der Urne) fallende Blätter ausgewählt. Sicherlich möchten Sie damit Ihre Trauer bekunden. Diese Trauer dürfen wir auch nicht abkürzen. Aber da wir mit den Augen des Glaubens immer weiter schauen können, möchte ich schon in dieser Stunde des Abschieds unseren Blick etwas weiten.

Zunächst sind die Blätter nicht alles, was vom abgebrochenen Baum des Verstorbenen übrig bleibt. Denn unter dem Laub liegen die Früchte dieses Baumes. Darum darf ich zunächst dafür danken, dass wir N.N. gehabt haben *(hier auf die »Früchte« seines Lebens eingehen).* Von diesen Früchten dürfen auch die Kinder und Enkel noch viele Jahre kosten.

Doch bleibt dieser Trost begrenzt. Er gibt Ihnen den lieben Verstorbenen nicht zurück. Darum darf ich ein sehr bekanntes Gedicht zitieren, das unseren Blick über den Horizont dieser Welt hinaus weitet. Es stammt von Rainer Maria Rilke:

Die Blätter fallen, fallen wie von weit,
als welkten in den Himmeln ferne Gärten;
sie fallen mit verneinender Gebärde.
Und in den Nächten fällt die schwere Erde
aus allen Sternen in die Einsamkeit.
Wir alle fallen. Diese Hand da fällt.
Und sieh dir andre an: es ist in allen.
Und doch ist Einer, welcher dieses Fallen
unendlich sanft in seinen Händen hält.

Ich habe nachgezählt: Sieben Mal steht da das Wort »fallen«. Insofern hat der Dichter die Trauer über den Verlust nicht abgekürzt. Aber dann folgt die letzte Doppelzeile, die so viel Hoffnung ausströmt:

Und doch ist Einer, welcher dieses Fallen
unendlich sanft in seinen Händen hält.

Der Dichter glaubt also an eine große Hand, die alles auffängt, was sich auffangen lassen will.
Was hier mit Blick auf Gott gesagt ist, wurde in Jesus Christus Wirklichkeit. Er, der uns schon in der Taufe an die Hand nahm, der der Dritte in Ihrem Bund sein wollte, der uns in jedem Sakrament ganz nahe kommt, er hat uns auf das Gleichnis vom Weizenkorn hingewiesen: Es gibt keinen Tod, es gibt nur Verwandlung: »Wenn das Weizenkorn nicht in die Erde fällt und stirbt, das heißt genauer: sich verwandelt, bleibt es allein. Wenn es sich aber verwandelt, bringt es reiche Frucht!« Der Auferstandene bezeugt es an sich selber: Er wurde vermeintlich tot wie ein Samenkorn in die Erde gelegt. Das aber spross an Ostern ins Leben und gibt uns Hoffnung über den Tod hinaus.
Darum bewahrt Jesus Christus unser Leben bis ins ewige Fest, wo wir alle zur großen Völkergemeinschaft zusammenfinden und Leben in Fülle haben werden.
Trösten wir so einander: Der Tod hat nicht das letzte Wort! Es wartet die große barmherzige Hand Gottes auf uns. Wir fallen, das ist unser Menschenschicksal, aber wir fallen in Seine Hände.

41. Verwandlung im Tod

Symbol/Vorbereitung

Ein Kastanienzweig im Herbst: Noch sind verfärbte Blätter daran, aber darunter sind bereits dicke Knospen sichtbar.

Hinweis

Bei einem Menschen, der sehr alt geworden ist.

Lesungen

2 Kor 5,1.6–10: Wenn unser irdisches Zelt abgebrochen wird, haben wir eine Wohnung bei Gott.

(Siehe Messlektionar VII, S. 455; Die Begräbnisfeier, S. 227)

Mk 16,1–7: Jesus ist stärker als der Tod.

(Siehe Messlektionar VII, S. 476)

Ansprache

Die Verstorbene ist stolze … Jahre *(Zahl nennen)* alt geworden. Sie war auch im hohen Alter noch sehr rüstig, wurde aber in den letzten Wochen und Monaten zusehends gebrechlicher. Es war wie mit diesem Zweig hier *(L. zeigt den Kastanienzweig):* Das ehemals starke Blatt verfärbt sich zum Schluss. Wir denken gerne und dankbar an die Zeit zurück, in der Frau N. N. mit voller Lebenskraft unsere Welt verschönert hat *(aufzählen!)*.

Sie verkraftete auch Stürme und prasselnden Regen auf ihr Lebensblatt *(Schicksalhaftes aufzählen!)*. Zuletzt hätte ich gerne zugehört, wenn sie sich mit einer ebenfalls hochbetagten Freundin unterhielt. Worüber haben sie gesprochen, wenn immer mehr Blätter aus der Umgebung nach unten schwebten? Kamen Zweifel auf, ob es das absolute Ende ist, wenn sie fallen? Oder konnten sie aus festem Glauben heraus sagen: »Ja, auch wir werden fallen« – aber es ist wie im Gedicht von Rainer Maria Rilke (erstaunlich ist ja, wie viel Auswendiggelerntes von früher noch präsent war): »Und doch ist Einer, welcher dieses Fallen unendlich sanft in seinen Händen hält.«

Oder haben sie ganz praktisch biologisch gedacht?: Unsere Blätter geben anderen Bäumchen, die da wachsen wollen, neue Kraft. Oder sie haben sich daran erinnert, dass eine Menge Kastanien unter dem Laub liegen, und sie haben einige davon mit Kraft erfüllt *(jetzt positive Eigenschaften der Verstorbenen aufzählen, dazu einige Beispiele, an welchen Stellen sie sich besonders engagiert und eingebracht hat).* Aber da sind ja auch noch die Knospen hinter den Blättern *(L. zeigt welche),* sogar sehr kräftige! Wenn sie zu uns sprechen wollten, so wären ihre Münder noch verklebt, doch sie antworten uns schon durch ihr Dasein: Das Leben geht weiter! Bald erwachen wir zu neuen Blättern, Blüten und Früchten! Jesus hat doch durch Tod und Auferstehung gezeigt, dass die Seele einen neuen Körper bildet, sich neu entfaltet – wenn auch erst auf der anderen Seite des Lebens: eine Seite, die wir sehen können, wenn unsere Augen gebrochen sind.
So danken wir dafür, dass wir sie gehabt haben, und bitten Gott, dass er sie jetzt ganz sanft in seinen großen Händen hält.
(L. legt den Zweig auf den Altar)
Christen sollten Menschen sein, die hinter die Blätter dieser Welt sehen.

42. Wir sind nur Gast auf Erden

Symbol/Vorbereitung
Eine Pilgermuschel.

Hinweis
Bei einem Menschen, der gern pilgerte.

Lesungen
Ps 23: Dein Stock und dein Stab geben mir Zuversicht.
Joh 8,12: Wer mir nachfolgt, wird nicht in der Finsternis umhergehen.

Ansprache

»Wir sind nur Gast auf Erden« (GL 505) haben wir zu Beginn gesungen. Das kann jeder hautnah spüren, der regelmäßig oder ab und zu auf Wallfahrt geht.

Der Verstorbene hatte sogar an seiner Haustüre das Pilgerzeichen angebracht, wie es mittlerweile auf zahllosen Wegweisern in unserem Land (z. B. zum hl. Matthias nach Trier) und besonders auf den alten Pilgerwegen nach Santiago de Compostela in Spanien zu sehen ist. Darum habe ich diese Muschel mitgebracht *(P. zeigt die Pilgermuschel)*, an denen die Pilger unterwegs zu erkennen sind.

In sieben Gedanken möchte ich das Leben des Verstorbenen aufleuchten lassen:

1. Viele Pilger haben ein Anliegen, das sie treibt. Oft aber ist das Herz einfach nur voller *Dankbarkeit*. So blicken wir jetzt auch dankbar auf all die Spuren der Liebe auf dem Weg des Verstorbenen: Im nächsten Jahr wären Sie beide … *(entsprechende Zahl nennen)* verheiratet gewesen; sie freuen sich über … *(Anzahl der Kinder und Enkel; was im Beruf geschafft wurde).*
2. Ein Pilger braucht *Energie*, um die vielen Kilometer bergauf und bergab zu schaffen … *(Sportliche Tätigkeit; mit dem Lieblingsverein leiden; nachts für einen Boxkampf aufstehen …).*
3. Immer wieder durfte der Verstorbene unterwegs *Gastfreundschaft* erleben. Er selber liebte ein offenes Haus, Gäste und Geselligkeit *(Beispiele nennen: Skatrunde, Mitgliedschaft im Chor, spielte ein Instrument …).*
4. Viele Pilger benutzen einen *Stab*, um sich zu stützen, lästige Hunde abzuwehren, ein »drittes Bein« zu haben, wenn ein Rinnsal übersprungen werden muss … »Dein Stock und dein Stab geben mir Zuversicht« haben wir eben im Psalm 23 gehört; das will sagen: Ich spüre, dass einer mit mir unterwegs ist, der mich stützt und stärkt.
5. Wir kennen das Muschelmotiv einer Mineralölgesellschaft an *Tankstellen*, die uns einladen, Rast zu machen. Es ist interessant, dass dieses Symbol schon seit Jahrhunderten in Österreich und Süddeutschland häufig über dem Tabernakel zu sehen ist. So hat unser

Pilgerbruder N. N. immer wieder das Wort Gottes und die hl. Kommunion als Stärkung auf dem Weg erfahren.

6. Manche Pilger tragen einen *Stein auf dem Herzen* als bewusste Last, unterwegs für ein Anliegen oder eine Tat Sühne zu leisten. An einer Stelle auf dem Weg nach Santiago können sie diese Last an einem Kreuz ablegen. Mittlerweile ist dort ein ansehnlicher Hügel entstanden. Auch der Verstorbene hatte Lasten und Leiden zu tragen (*Krankheiten, Schicksalsschläge nennen*). Es lässt sich selbst in dem bekannten Buch »Ich bin dann mal weg« von Hape Kerkeling nachlesen: Herausforderungen und Leiden können uns stärker machen – wenn wir darauf vertrauen, dass wir in Gott geborgen sind.
7. Unbeschreiblich ist die *innere Freude,* wenn der Pilger sein Ziel erreicht hat: Die Tränen fließen, das innere Glück ist spürbar. So wünschen wir jetzt auch dem Verstorbenen, dass er angekommen ist und die ewige Freude auf ihn wartet.

Und das erbitten wir hier vor Gott.

43. Auf dem Weg zum Ziel

Symbol/Vorbereitung

Eine Pilgermuschel.

Hinweis

Bei einem Menschen, der gerne pilgerte oder auf Wallfahrt ging.

Lesungen

Ps 23: Dein Stock und dein Stab geben mir Zuversicht.

Lk 24,13–35: Unsichtbar geht Jesus mit den Pilgernden.
(Siehe Messlektionar VII, S. 484; Die Begräbnisfeier, S. 268)

Joh 14,1–6: Im Himmel warten viele Wohnungen auf uns.
(Siehe Messlektionar VII, S. 498; Die Begräbnisfeier, S. 281)

Ansprache

(L. zeigt die Pilgermuschel) Solch eine Pilgermuschel tragen heute wieder viele Menschen, die sich auf eine Wallfahrt begeben; die berühmteste ist wohl die nach Santiago de Compostela in Spanien, die gerade in unserer Zeit wieder sehr populär ist. Weil dort der Apostel Jakobus begraben ist, heißt diese Muschel auch Jakobsmuschel und ist dort sogar auf vielen Verkehrsschildern zu sehen, die auf alle möglichen Wege zum Ziel hinweisen.

Es ist wohl eine Sehnsucht tief drinnen im Menschen, die sie antreibt, sich auf einen Pilgerweg zu begeben, weil wir doch letztlich alle Pilger in dieser Welt sind. Denn unsere Heimat liegt in einer anderen Welt. So war auch der Verstorbene immer wieder wie Abraham bereit (Gen 12,1–7), neu aufzubrechen.

Viele haben auch einen Stab als Stütze, als drittes Bein dabei. Und im Psalm 23, den wir eben gehört haben, ist ja sehr gut herauszuhören, wer mit diesem Stab symbolisch gemeint ist: »Muss ich auch wandern in finsterer Schlucht, ich fürchte kein Unheil, denn du bist bei mir; dein Stock und dein Stab geben mir Zuversicht« (Ps 23,4). Das war auch die Erfahrung der Emmausjünger damals, als sie sich enttäuscht von Jerusalem abwandten, weil Jesus ja tot war –, um dann zu erleben, wie er plötzlich unerkannt mit ihnen ging, sie wie ein Stab aufrichtete und ihnen das Herz wieder brennen ließ.

So hat auch der Verstorbene immer wieder gestärkt heimgefunden und konnte dann Monate, ja Jahre aus dieser Erfahrung leben.

In Süddeutschland und Österreich sieht man dieses Muschelmotiv oft über dem Tabernakel. So wie wir immer wieder Rast machen auf einem Pilgerweg, um uns für neue Strapazen zu stärken, so ist die Kommunion als Wegzehrung für die Seele gedacht. Da dürfen wir den Verstorbenen vor unseren Augen auferstehen lassen *(Beispiele nennen)* und uns erinnern, wie er sich aus dem Glauben Kraft holte.

So beten und bitten wir für ihn: Herr, setze N. N. jetzt an deine himmlische Hochzeitstafel, an den Platz, den du für ihn bereitet hast.

(L. legt die Pilgermuschel auf den Altar)

44. Die Herausforderungen annehmen

Symbol/Vorbereitung

Eine Perle.

Lesungen

Röm 8,14–18: Wir sind Miterben Christi.

(Vgl. Messlektionar VII, S. 446; Die Begräbnisfeier, S. 218)

Mt 16,21–26: Petrus will den einfachen Weg. Jesus aber nimmt die Herausforderungen von Leid und Tod an.

Ansprache

(L. zeigt eine Perle zwischen seinen Fingern:) Hoffentlich können Sie es auch aus größerer Entfernung noch sehen: Ich halte zwischen meinen Fingern eine Perle und möchte damit sagen:

Die Verstorbene N. N. war für uns eine Perle. Es ging ein Glanz, etwas Kostbares von ihr aus, das mit Worten schwer auszudrücken ist. Und ich spreche es auch mit Vorbehalt aus, weil wir nicht wissen, mit welchen Augen Gott ihr Leben sieht. Aber dass heute so viele Menschen gekommen sind, um von ihr Abschied zu nehmen, zeigt doch Ihr Gespür dafür, dass wir etwas Kostbares loslassen müssen *(jetzt aufzählen, was sie ausstrahlte).*

Dabei war das Leben für N. N. nicht einfach *(Widrigkeiten aufzählen).* Aber das alles passt ja zu einer Perle. Sie kennen sicher ihre Entstehung: Ein spitzes Sandkorn zwängt sich durch die Lippen einer Muschel und kann das weiche Fleisch jetzt tödlich bedrohen. Dagegen legt die Muschel eine feine Perlmutterschicht zur Abwehr um den Eindringling – immer wieder. Und nach vielen Jahren entsteht so eine kostbare Perle. Die Muschel nimmt also Bedrohung, Leid und Not auf sich, und das lässt sie so kostbar werden!

Wir haben eben von der Auseinandersetzung zwischen Petrus und Jesus im Evangelium gehört. Petrus wollte Jesus von der tödlichen Bedrohung durch die Pharisäer und Priester in Jerusalem abhalten. Menschlich verständlich. Aber Jesus schaut auf die mögliche Perle, die nach

Leid und Tod in der Auferstehung heranreift, und erteilt Petrus eine richtige Abfuhr.
Dass die Verstorbene im Laufe ihres Lebens zeitweise auch durch ein Fegfeuer gehen musste *(aufzählen!)*, das hat sie so kostbar werden lassen. Das hat uns an ihr so imponiert. Darum lege ich jetzt die Perle auf den Altar (auf den Sarg, vor die Urne o. Ä.). Und wir beten und bitten Gott darum, dass er sie in die Schätze des Himmels aufnimmt.

45. Gehalten von der Mitte und der Gemeinschaft

Symbol
Ein altes Wagenrad (mit Nabe, Speichen, Felge).

Hinweis
Besonders bei einem Abschiedsgottesdienst in einer Gemeinschaft oder einer kleineren Gruppe für einen Verstorbenen (oder eine Verstorbene), der Teil dieser Gemeinschaft war und sich aktiv für sie eingesetzt hat. Oder auch: bei einem besonderen Einsatz für die Einheit und die Ökumene.

Lesungen
Gal 6,2–5: Einer trage des anderen Last.
Joh 17,20–25: Alle, die du mir gegeben hast, sollen dort sein, wo ich bin.

Ansprache
An diesem alten Wagenrad *(L. zeigt es)* kann ich die Verdienste des Verstorbenen anschaulich zeigen: Denn er war eine Speiche, die sich von der Nabe, der Mitte, gehalten fühlte, und auch von der Gemeinschaft, der Felge.
Die Mitte ist ungeheuer wichtig. Für N. N. war das die Liebe zu seiner Frau, zu den Kindern und Enkeln, die Geborgenheit und Kraft, die eine Ehe schenken kann, und die Ausrichtung auf Jesus Christus. Wenn diese Mitte nicht stimmt, eiert das Rad. Und die Weisheit ist unendlich

wichtig: Je näher die Speiche der Mitte kommt, umso näher kommen wir auch den anderen Speichen – Geheimnis des Glaubens und der Liebe. Darum engagierte sich N. N. ja auch in diesem inneren Bereich, in der Felge: in den Begegnungen mit den Gemeinschaften am Ort *(aufzählen, wo er sich engagierte).*

Ein Rad ist belastbar, wenn die Speichen gehalten sind von der Nabe und der Felge. Wir dürfen uns das anschaulich vorstellen: Jeder Kirchenaustritt ist das Entfernen einer Speiche; jede Gemeinschaft am Ort, die aufgibt, gefährdet die Felge. N. N. war einer, der sich einbrachte, der vermittelte, und dabei nicht richtete, sondern aufrichtete.

Die Felge umspannt in der Regel ein eiserner Reifen. Den darf ich mit Zuverlässigkeit und Treue umschreiben. Gerade die Ökumene, die ihm am Herzen lag, braucht die ständige Erneuerung und Treue, vor allem, weil die Kirchen sich so viel Zeit lassen, Schritte aufeinander zuzugehen. Es kommt doch letztendlich mehr darauf an, dass wir als evangelische und katholische Christen gemeinsam gegen den Werteverfall der Zeit angehen, als ewig zu diskutieren, wer denn nun die ganze Wahrheit besitzt. Die Taufe eint alle Christen!

So danken wir N.N. als einer kräftigen Speiche, die sich immer eingesetzt hat für die Mitte. Und diese Mitte, unser Herr Jesus Christus, möge ihm das jetzt vergelten.

(L. lehnt das Wagenrad gut sichtbar an den Altar, den Ambo oder einen anderen geeigneten Ort)

46. Vom Siegerkranz

Symbol/Vorbereitung

Ein Trauerkranz, wie er auf frischen Gräbern zu finden ist; es genügt schon der Hinweis, dass am aufgebahrten Sarg Kränze zu sehen sind.

Hinweis

Besonders geeignet bei Sportlern oder Menschen mit einer besonderen Auszeichnung.

Lesungen

1 Kor 9,24–27: Lauft so, dass ihr den Siegespreis gewinnt.

2 Tim 4,7–8: Der Kranz der Gerechtigkeit liegt bereit.

Joh 11,21–27: Ich bin die Auferstehung und das Leben.

(Siehe Messlektionar VII, S. 493; Die Begräbnisfeier, S. 276)

Ansprache

Wunderschön angefertigte Kränze stehen oder liegen rund um den aufgebahrten Sarg (um die aufgestellte Urne). Sie verkünden die Botschaft: »Du hast gesiegt! Du hast den Lebenslauf gut vollendet! Jetzt wird dir der Siegerkranz umgelegt!«

Wir kennen dieses Symbol ja von erfolgreichen Siegern im Sport, ob als Radrennfahrer, Autorennfahrer oder Boxer. Und oft erblicken wir den Siegerkranz auf den Denkmälern großer Dichter und Denker.

So darf ich zuerst die Verdienste des Verstorbenen aufzählen, die durch die Blumen auf den Kränzen versinnbildlicht werden. Voller Dankbarkeit schauen wir auf sein Lebenswerk *(Genaueres)*.

Aber jeder weiß, Erfolge kosten Schweiß, Ausdauer, Verzicht und Zähigkeit. Doch wer dabei auf den Rückenwind Gottes vertraut, hat eine zusätzliche Kraft, alle Hürden zu nehmen und mit mancher Undankbarkeit fertigzuwerden *(Genaueres)*.

Im Brief an seinen Helfer Timotheus schreibt Paulus sogar: »Der Kranz der Gerechtigkeit liegt für dich bereit!« Das wünschen wir uns doch manchmal, wenn das Laute, Falsche und Gemeine siegt, dass Gott dreinschlagen möge! Doch er hat uns diese Welt und die Freiheit dazugeschenkt. Wir würden uns sein ständiges Einmischen verbitten; wären ja dann auch nur Marionetten in seiner Hand. Aber es muss eine Gerechtigkeit geben, wenn es Gott gibt. Das sage ich allerdings mit Zittern im Herzen. Denn die großen Ungerechtigkeiten dieser Welt können wir in jeder Tagesschau vernehmen und unternehmen doch zu wenig dagegen. Wie wird Gott einmal entscheiden, der Herz und Hirn durchleuchten wird und jede Fassade herunterreißt?

So wollen wir auch darum bitten, dass Gott den Mantel seiner Barmherzigkeit über all das legt, was der Verstorbene in seinem Leben falsch

gemacht hat. Wir alle bleiben ja hinter unseren Möglichkeiten und machen uns am meisten durch Unterlassung schuldig.
Sie sehen: Den größten Teil des Kranzes bedecken grüne Blätter oder Tannenzweige, Symbole für die Hoffnung; für die Zuversicht, dass der Tod nicht das letzte Wort hat. Auch der Kreis selbst, ohne Anfang und Ende, will auf Gott hinweisen, der ewig ist und uns in seinem Sohn ewiges Leben versprochen hat. So dürften wir auch auf die Schleifen schreiben: »Auf Wiedersehen!« Nur unser Glaube hat im Angesicht des Todes, wenn unsere so laute Welt verlegen und schweigsam wird, noch eine Antwort: »Es gibt keine Toten. Es gibt nur Lebende – hier und auf der anderen Seite; die wir erst schauen können, wenn unsere Augen gebrochen sind.«

47. Jesus zieht alle an sich

Symbol/Vorbereitung

Ein Magnet.

Hinweis

Besonders geeignet bei einer beliebten Person mit großer Ausstrahlung.

Lesungen

1 Thess 4,13–14.17b–18: Wir werden immer beim Herrn sein.
(Siehe Messlektionar VII, S. 459 und 509; Die Begräbnisfeier, S. 230)
Mt 11,28–29: Kommt alle zu mir.

Ansprache

Jeder Mensch hat eine Ausstrahlung, seine Aura. Manche haben eine solche Ausstrahlung, dass sie anziehend wirken wie ein Magnet. Wer in das Kräftefeld ihrer Liebe gerät, richtet sich anders aus.
Der Verstorbene war so eine Persönlichkeit. Wohin hat er alles ausgestrahlt, wie viele hat er angezogen?! *(Beispiele nennen)* Dafür danken wir heute.

Wir wissen von einem, der auch die Menschen anzog, weil eine Kraft von ihm ausging, die andere sogar heilen konnte. Er ist es, der im Evangelium auch uns einlud: »Kommt alle zu mir …, ich will euch erquicken.« Selbst wer sich im Kräftefeld der Liebe bewegt, weiß, dass er Jesus mehr als »alles« braucht, um die innere Mitte und den entscheidenden Halt zu finden. Aber auch alle, die das nicht verstehen oder nicht glauben können, sind eingeladen, sich gerade im Angesicht des Todes auf Jesus Christus einzulassen.

Eine Geschichte berichtet, dass zum englischen Physiker Isaac Newton (1643–1727) einmal ein zweifelnder Mensch kam und fragte: »Wie will Gott das machen, dass die Menschen wieder auferstehen, wenn sie einmal zu Staub zerfallen sind?« Newton nahm eine Menge Staub, mischte feinste Eisenfeilspäne darunter und fragte: »Wie kann man jetzt den Eisenstaub vom Sandstaub trennen?« Ja, genau das wollte der Frager doch wissen! Da nahm Newton, eines der größten Genies aller Zeiten, einen Magneten, hielt ihn über das Gemisch und hatte im Nu die beiden Staubarten getrennt.

Dann sagte Newton noch: »Gott hat den Menschen geschaffen und den Magneten. An der Kraft des Magneten zweifeln Sie nicht, aber an der Kraft Gottes wollen Sie zweifeln?« (nach Rolf Sättler).

Es kommt also darauf an, dass wir in den Augen Gottes in unserem Leben auch genügend Liebe verschenkt und damit Gewicht angesammelt haben, um als Eisenstaub von ihm angezogen zu werden. Denn das wissen wir: Am Ende des Lebens zählt nicht unser Konto, sondern die Liebe. Sie gibt uns das Gewicht, an dem Gott den Magneten seiner Barmherzigkeit ansetzen kann.

So lasst uns jetzt beten für den Verstorbenen und für uns, dass wir im Leben genügend Zeit in Ewigkeit verwandeln können.

48. Über den Horizont dieser Welt hinausblicken

Symbol/Vorbereitung

Ein Kaleidoskop.

Hinweis

Bei einer Person, die viel Leid im Leben erfahren musste.

Lesungen

Phil 3,20–21: Unsere Heimat ist im Himmel.
(Siehe Messlektionar VII, S. 457; Die Begräbnisfeier, S. 228)
Joh 14,1–6: Im Hause meines Vaters sind viele Wohnungen.
(Siehe Messlektionar VII, S. 498; Die Begräbnisfeier, S. 281)

Ansprache

(L. schaut durch das Kaleidoskop und dreht es) Wunderschön, faszinierend, einfach fantastisch, was ich hier sehe. Wir können die Herrlichkeit einer anderen Welt ahnen, wenn wir so etwas Faszinierendes sehen dürfen. Aber wenn ich diesen »Schönbildgucker« auseinandernehme, dann finde ich innen zerschlagene Spiegelscherben, bunte Kristallsteinchen, kleine Drahtreste, die durch Spiegel diese herrliche Wirkung erzielen. Damit bin ich direkt bei N.N. Sie hatte auch auf ein wunderschönes Leben gehofft, schon ein bisschen hier auf Erden – aber es kam anders: Die zerschlagenen Spiegelscherben: *(Beispiele aus ihrem Leben aufzählen: früher Tod der Eltern, Fehlgeburt, ein Unfall, Tod des Mannes …)*
Doch dann gab es auch die bunten Kristallsteinchen: *(Positives aufzählen: Heirat, goldene Hochzeit, Kinder, Enkel, ein eigenes Haus, die Urlaubsreisen …)*
Dann wiederum die kleinen Drahtreste: *(Krankheit, Verletzungen …)*
Wie das Leben so ist: Mal ganz oben, mal abgestürzt, mal himmelhoch jauchzend, mal zu Tode betrübt. Aber das Leben ist mehr, wenn wir es mit christlichen Augen betrachten. Wir haben aus der Bibel erfahren, dass Gott Scherben zusammenfügen, dass er das Bruchstückhafte zum guten Ende bringen kann. Wie war das mit Jesus selbst?: Hosianna,

dann kreuzige ihn, dann aber das Halleluja *(L. schaut wieder durch das Kaleidoskop):* Wir dürfen bei allem Leid unser Leben an der Auferstehung Jesu festmachen; er hat die letzte Tür geöffnet – andernfalls sind wir ärmer dran als alle anderen Menschen. Aber wenn Jesus dem Schächer am Kreuz das Paradies verspricht, warum nicht auch uns, wenn wir ihn um Erbarmen anrufen? *(L. setzt das Kaleidoskop ab)*
Wer weiß, wie viele Bruchstücke Ihres Lebens Sie hier herumschleppen, sodass auf Ihrer Seele Traurigkeit liegt. Aber eine Beerdigung ist auch eine Gelegenheit, über den Horizont dieser Welt hinauszuschauen *(L. schaut wieder durchs Kaleidoskop)* und auf den zu blicken, der nach Leid und Not das Halleluja anbietet. Und das wünschen wir jetzt N.N. von ganzem Herzen.
(L. stellt das Kaleidoskop auf den Altar)

49. Die Verstorbenen leben gleich nebenan

Symbol/Vorbereitung
Eine offene (Sakristei-)Tür.

Lesungen
Offb 3,20–21: Ich stehe vor der Tür und klopfe an.
Mt 25,1–13: Für die klugen Jungfrauen stand die Tür offen.
(Auch: Messlektionar VII, S. 466; Die Begräbnisfeier, S. 254)
Joh 10,7–9. Ich bin die Tür!

Ansprache
Im Angesicht des Todes gehen wir auch dem Gedanken nach: Wo ist jetzt die Verstorbene? Weit weg, oben, im Nichts? Darum habe ich die (Sakristei-)Tür offen gelassen: Die Verstorbenen sind gleich nebenan in der großen Welt Gottes.
Das kann ich durch viele Aussagen von Menschen belegen, die sich darüber auch ihre Gedanken gemacht haben.

1. Ich zitiere die blinde Helen Keller (1880–1968) im Gespräch mit der früheren Filmschauspielerin Lilli Palmer.
   Helen mit nachdrücklicher Stimme: »Der Tod ist nichts weiter als ein Gang von einem Raum in den anderen.« Sie schwieg. Und dann sagte sie noch sehr bestimmt: »Aber für mich gibt es da einen Unterschied. Denn in dem anderen Raum – da werde ich sehen können!«
2. Ein Schwerkranker ergriff die Hand des Arztes, von dem er wusste, dass er gläubig war: »Mir ist so bange vor dem Sterben. Was erwartet mich auf der anderen Seite?« »Das weiß ich auch nicht«, sagte der Arzt, aber er öffnete die Tür zum Gang. Da lief sein Hund herein und sprang an ihm hoch, erfreut, seinen Herrn wiederzusehen. Der Arzt lächelte den Kranken an: »Haben Sie das Verhalten des Hundes beobachtet? Er kannte diesen Raum nicht, wusste aber, dass sein Herr auf der anderen Seite der Tür ist. Darum sprang er fröhlich herein, sobald die Tür aufging.« Der Arzt überlegte. Dann fügte er hinzu: »Ich weiß auch nicht, was nach dem Tod auf uns wartet. Aber es genügt mir, dass mein Herr und Meister auf der anderen Seite ist. Darum werde ich, wenn sich die Tür eines Tages öffnet, mit großer Freude hinübergehen« (verkürzt nach Pierre Lefèvre).
3. Ein Kind fragt die Mutter: »Wie wird das mit dem Sterben sein?« Die Mutter antwortet mit einer Gegenfrage: »Wie ist das, wenn du abends im Sessel einschläfst, aber am Morgen in deinem Bett aufwachst?« Das Kind: »Du hast mich über die Schwelle des Zimmers in mein Bett getragen.« Die Mutter nickt: »Ich glaube, so ist das auch im Tod: Jesus trägt uns in seiner Liebe vom Diesseits ins Jenseits. Und auf der anderen Seite des Lebens wartet auf uns das, was uns ganz glücklich macht!« (nach Ernst Sieber)

Wir singen oft den Kanon: »Wo zwei oder drei in meinem Namen versammelt sind, da bin ich mitten unter ihnen«. Für Gott gibt es kein Oben und Unten. Alles liegt in seiner Hand.
Auch die Bibel benutzt diese Bildersprache. Wir haben sie eben in den Lesungen gehört: Jesus klopft an unsere Herzenstür und will eingelas-

sen werden. Und Jesus sagt: »Ich bin die Tür. Wer durch sie eintritt, ist gerettet.«
Unter dem Licht dieser Hoffnung dürfen wir jetzt auch das Leben des Verstorbenen betrachten *(hier Genaueres einfügen).*
Sie kennen vielleicht das Gleichnis von den zehn jungen Frauen, die beim himmlischen Hochzeitsmahl dabei sein wollten. Aber fünfen wurde die Tür nicht geöffnet, weil sie keine brennenden Lampen vorweisen konnten. Wieder die Symbolsprache der Bibel, die sagen will: Wer im Leben nicht gebrannt hat in der Liebe zu Gott und den Menschen, der muss noch im »Liebeskummer« warten. Darum feiern wir für den Verstorbenen einen Gottesdienst in der Kirche, um Gott zu bitten, dass er den Mantel seiner Barmherzigkeit auch über all das legt, was der Verstorbene falsch gemacht hat. Aber mehr noch bitten wir um eine offene Tür, damit er teilnehmen darf an der Hoch-Zeit bei Gott.

50. Die Treppe, die nach oben führt

Symbol

Auf der Urne ist eine Treppe zu den Gestirnen zu sehen; auf einer ähnlichen Darstellung fällt das Licht des Mondes auf diese Treppe.

Lesungen

Gen 28,10–19a: Jakobs Traum von der Himmelstreppe.
Joh 14,1–6: Jesus sagt: Ich bin der Weg.
(Siehe Messlektionar VII, S. 498; Die Begräbnisfeier, S. 281)

Ansprache

1. Diese Urne birgt die Asche von Herrn N. N. Wir sehen auf ihr eine Treppe, die zum Himmel führt. Allerdings bricht sie auf halber Höhe ab.
   Dabei kommt mir der tschechische Zeichentrickfilm »Stufen« in den Sinn: Da schreitet ein Mensch energiegeladen Stufe um Stufe. Die Stufen türmen sich wie Wolkenkratzer, wie auch die Stufen auf der

Urne kühn und gewagt in den Himmel ragen. Schließlich erlahmen die Kräfte des Mannes. Mit letzter Anstrengung zieht er sich hoch bis zur letzten Stufe, um dann in die Treppe eingeschmolzen zu werden als jetzt neue letzte Stufe.

Wir dürfen uns also jetzt für das Lebenswerk von N. N. bedanken, der durch sein Leben und Wirken unsere Welt vorangebracht hat *(jetzt Ereignisse aus seinem Leben aufzählen: Heirat, Kinder, Enkel, Beruf, Rückschläge, Krankheiten).* Vielleicht werden auch Kinder und Enkel einmal zu einer Stufe, die uns wieder etwas voranbringt – wie wir ja auch dankbar zurückblicken dürfen auf all die Stufen, die unsere Vorfahren uns zur Verfügung gestellt haben.

2. In der Bibel wird auch von einer Himmelstreppe berichtet. In der Lesung eben haben wir von ihr gehört. Obwohl Jakob seinen Bruder Esau betrogen hat und auf der Flucht vor dessen Rache ist, darf er von Gott ganz oben auf der Treppe hören: »Ich bin mit dir, ich behüte dich, wohin du auch gehst. Ich verlasse dich nicht!« (Gen 28,15). Das ist doch sehr beruhigend, dass selbst ein Betrüger wie Jakob noch eine solche Zusage erhält! Jesus sagt später, als er das Gleichnis vom barmherzigen Vater erzählt: »So ist mein Vater!« Er rechnet nicht auf. Er verzeiht, damit du neu anfangen kannst. Im Vertrauen auf die barmherzige Gegenwart Gottes ist auch N. N. seine Wege gegangen: Das macht stark. Ich darf immer nach vorne sehen, was nicht ausschließt, sich auch bei Vergehen an die Brust zu klopfen und Gott und dem Partner/der Partnerin, den Freunden oder den Kindern zu sagen: Es tut mir leid.
3. Noch ein dritter Gedanke zu dieser Treppe auf der Urne. Die heilige Theresia von Lisieux († 1897), auch »vom Kinde Jesu« genannt, sagte einmal: »Der Mensch ist wie ein Kind bemüht, im Leben eine lange Treppe hinaufzusteigen, um Gott zu erreichen. Aber dann überfallen ihn Müdigkeit, Schwäche und Zweifel und er setzt sich manchmal hin und will nicht weiter. Aber dann kommt Gott selbst aus der Tür, geht dem Kind entgegen, nimmt es auf seine Arme und trägt es durch die Tür hindurch!«

Das wünschen wir N. N. und beten jetzt darum, dass die Stufe seines Lebenswerkes von Gott anerkannt wird, ja, dass Gott jetzt aus der Himmelstür tritt, ihn auf seine Arme nimmt und durch die letzte Tür trägt.

51. Vom ewigen Frieden

Symbol

Auf der Urne ist das Zeichen von Yin und Yang zu sehen.

Hinweis

Besonders geeignet bei einem Menschen, der sich für ein friedliches Miteinander einsetzte.

Lesungen

Kol 3,12–15: Ertragt und verzeiht einander.
Joh 20,19–23: Der Auferstandene verkündet den (ewigen) Frieden.

Ansprache

Wir sehen auf der Urne das Yin-und-Yang-Symbol, das Zeichen der liebenden Verbindung, des Aktiven und Passiven, der Harmonie zwischen Himmel und Erde.

Das wird oft auf die Verbindung zwischen Mann und Frau gedeutet.

Wir wissen, wie schwer es ist, die scharfkantigen und verletzenden »Breitseiten«, die wir austeilen können, so zu mildern, dass sich niemand am anderen verletzt.

Das war die besondere Gabe von N.N., und deshalb soll sein Bemühen um Frieden hier ausdrücklich genannt werden. N. N. wusste, dass das Miteinander nur im Nehmen und Geben, im Geben und Nehmen gelingen kann, und in dieser Haltung hat er sich überall auch eingebracht *(aufzählen).* Ein Mensch kann sich auf Dauer nicht verstellen; seine positive Ausstrahlung hat uns berührt und friedlicher miteinander umgehen lassen.

Wenn Yin und Yang auch wie ein vollendeter Kreis aussieht, so behaupte ich, dass da noch eine kleine Stelle der Sehnsucht nach etwas ganz anderem verborgen ist: Es gibt eine Kraft, die übersteigt, was Partner und Gemeinschaft schenken können: Damit meine ich die Geschenke Gottes, zum Beispiel noch mehr als siebenmal verzeihen zu können (Mt 18,22), wie es Petrus aufgetragen wird.
Das Wort »Religion« heißt übersetzt: sich noch an einen ganz anderen binden.
Es bleibt die Sehnsucht nach mehr, und so steht der Kreis ja auch für Gott. Er hilft im Yin und Yang das menschliche Bemühen um den Frieden in der Welt auch zum Erfolg zu bringen.
So hat N. N. auch immer in Gebet und Meditation diese Kraft »von oben« eingefangen. Und wie Jesus Christus den Jüngern nach der Auferstehung den Frieden gewünscht hat, so dürfen wir N. N. jetzt den ewigen Frieden wünschen.

52. Wie Phönix aus der Asche

Symbol/Vorbereitung

Eine Phönix-Abbildung, z. B. auf der Urne des/der Verstorbenen.

Hinweis

Besonders geeignet bei einer Urnenbestattung.

Lesungen

Sir 17,26–32: Kehre zum Höchsten zurück.
Joh 12,24–26: Wenn das Weizenkorn nicht in die Erde fällt …
(Vgl. Messlektionar VII, S. 497; Die Begräbnisfeier, S. 280)

Ansprache

(Die Asche der Verstorbenen ist hier in dieser Urne.) Wenn wir an die Asche eines Verstorbenen denken, haben wir den Prozess vor Augen, dem wir alle unterworfen sind, nur etwas schneller herbeigeführt: Von uns bleibt, mit den Augen dieser Welt gesehen, nur Asche und Staub übrig.

Aber ihre Seele ist jetzt woanders: das, was sie lachen und glauben ließ und was unser Miteinander so bereicherte. Doch die Erinnerung bleibt in unseren Herzen *(Genaueres aufzählen).*

Die Menschen haben sich nie damit abfinden können, dass zuletzt nur Asche und Staub übrig bleiben; dass der Tod das letzte Wort haben soll. Auf Jesus verlässt sich ja unser Glaube, der uns über die Gesetze und Abläufe der Natur hinausträgt. Wir legen die Verstorbene wie ein Samenkorn in den Acker Gottes und freuen uns darüber, dass im Lichte der ewigen Sonne der neue Mensch aufersteht, der nicht mehr Raum und Zeit unterworfen ist.

Dafür haben sich die Christen der Frühzeit eine alte Sage zu eigen gemacht: die vom Wundervogel Phönix, der in der Größe eines Adlers und der Gestalt eines Kranichs dargestellt wird. In bestimmten Zeitabständen verbrennt er sich freiwillig, um dann verjüngt aus der Asche zu steigen. Wir kennen das vom Sprachgebrauch her, wenn einer in der Politik oder im persönlichen Leben »wie ein Phönix aus der Asche«, also sozusagen aus den Ruinen oder Scherben seiner bisherigen Existenz, wieder aufsteigt. Die Christen der Urkirche bezogen dieses Symbol der Unsterblichkeit auf Jesus, der von den Toten auferstand und den kein Grab und Stein festhalten konnten. Er kann auch die Seele der Verstorbenen jetzt in seine Herrlichkeit holen.

In der Lesung hieß es im letzten Vers: »Das Heer in der Höhe zieht Gott zur Rechenschaft, erst recht die Menschen, die nur Staub und Asche sind.« Auf das Feuer des Phönix bezogen, möchten wir beten: Herr, lass bei unserer Verstorbenen im Feuer deiner Prüfung auch all das verbrannt sein, was vor dir nicht bestehen kann. Damit sie jetzt rein und gut vor dir steht.

NACH EINER IDEE VON ROLAND BREITENBACH

53. Vom Becher des Lebens

Symbol

Der Becher/die Tasse, aus dem der oder die Verstorbene die letzten Jahre getrunken hat.

Lesungen

Röm 5,1.2.5.8: Die Liebe Gottes ist ausgegossen in unseren Herzen.
Lk 6,36–38: Nach dem Maß, wie wir gemessen haben, wird uns einmal gemessen.

Ansprache

Hier sehen Sie den Becher (*oder:* die Tasse), aus dem der Verstorbene in den letzten Jahren seines Lebens trank *(L. zeigt den Becher/die Tasse).* Ich darf versuchen, mit diesem Symbol sein Leben einzufangen.

1. Wenn N.N. aus dem Becher trank, durfte er auch erkennen: Ich trinke ihn aus und dann muss er wieder gefüllt werden: Nehmen und Geben, Geben und Nehmen – ein Lebensprogramm. Nur so konnte das Miteinander in der Familie über … *(Anzahl)* Jahre gelingen. Nur so spürt man, ob das Leben pulsiert. Und wenn es im Evangelium hieß: In dem Maß, wie du beim Geben gemessen hast, wird Gott dir zuteilen – dann ist das ein Fingerzeig Gottes, der uns antreiben kann.
2. Die Lesung sagte: »Die Liebe Gottes ist ausgegossen in unseren Herzen« und in den Becher des Lebens. Wenn ich das recht bedenke, darf ich beim Trinken das »Danke!« auch in Richtung Gottes sagen – so wie Jesus immer erst ein Dankgebet sprach, wenn er einen Becher oder den Kelch hob. –
   Mit diesem Blick, der über Äußerlichkeiten hinausgeht, darf ich göttliche Segenskraft weitergeben: an die Frau, die Kinder und Enkel. In dieser Ermutigung, in jedem Lächeln liegt neue Energie, Kraft und Heilung. N.N. sah seinen Becher eher halbvoll an. Das ist der bessere Blick, als ihn immer nur als halbleer anzusehen und in Trübsal zu verfallen.

3. Daran kann auch der kreisrunde Rand erinnern: ein Gleichnis für die Sehnsucht nach Ganzheit. Sie gelingt letztlich nur mit Gott, dessen Symbol der Kreis ist.
4. Mit der Zeit hat der ständige Gebrauch des Bechers Spuren hinterlassen. Das Muster verblasst, da und dort entstehen Risse. Aber ich muss nicht vollkommen sein. Gott liebt mich auch so. Ständige Selbstkritik nimmt uns ein Stück Herzlichkeit.
5. Was ist, wenn eine Krankheit oder ein Schicksalsschlag uns so trifft, dass am Becher des Lebens ein Stück abbricht? *(eventuell Genaueres berichten)* Wenn ich die Scherben vorsichtig zusammenfüge, kann ich den Becher weiter benutzen. Ich darf mich nicht mit anderen vergleichen, das entfacht nur Neid und Unzufriedenheit. Gelassenheit, Geduld und ab und zu das Gebet: »Herr, *dein* Wille geschehe!« bringen uns weiter!

Jetzt wünschen wir unserem lieben Verstorbenen, dass er aus dem Kelch trinken darf, der ewiges Leben austeilt.

54. Unsere Zeit in Gottes Händen

Symbol/Vorbereitung

Ein Stundenglas.

Lesungen

Weish 4,7–10a.13.14a.15: Ehrenvolles Alter wird nicht an der Zahl der Jahre gemessen.

(Vgl. Messlektionar VII, S. 417; Die Begräbnisfeier, S. 202)

Mt 25,31–40: Das Weltgericht fragt nach der Liebe.

(Vgl. Messlektionar VII, S. 467; Die Begräbnisfeier, S. 255)

Ansprache

(L. zeigt das Stundenglas, das vorher schon auf dem Ambo oder dem Altar gut zu sehen war)

1. Sie sehen, wie der Sand rinnt. Es gibt nur eine begrenzte Zeit für jeden Menschen, und die fließt rasend schnell. Unsere Uhren täuschen: Sie gaukeln uns einen ewigen Kreislauf vor. Nein, es gibt einen Anfang und ein Ende. Der Verstorbene durfte ... *(Zahl einfügen)* Jahre leben. Wie viele Stunden und Minuten waren das! Aber schon die Lesung aus dem Buch der Weisheit sagt: Ob wir ehrenvoll gelebt haben, wird nicht an der Zahl der Jahre gemessen.
2. In der oberen Hälfte müssten kleine Goldkörnchen sein. Denn jeder Augenblick des Lebens ist kostbar. Mit zunehmendem Alter wird den meisten morgens auf der Bettkante klar, dass es nicht selbstverständlich ist, dass alle unsere Sinne intakt sind ... Darum sollte der erste Augenblick des Tages dem Danke-Sagen gewidmet sein. Dankbarkeit bewahrt vor Unzufriedenheit, Gleichgültigkeit, ja Verzweiflung. Danken dürfen wir jetzt auch dem Verstorbenen *(Genaueres aufzählen).* Manche Körnchen gingen nur schwer und ächzend in die untere Hälfte *(jetzt von den Nöten seines Lebens erzählen).*
3. In der unteren Hälfte müssten ebenfalls Goldkörnchen sein; sie sind wichtiger als die oberen. Denn es ist entscheidend, dass ich im Leben weiß, worauf es ankommt, was ich aus der kostbaren Zeit gemacht habe. Das Evangelium gab unmissverständlich Auskunft: Am Ende des Lebens mögen die Goldkörner auf der Bank beruhigend sein, aber vor den Augen Gottes können nur die Goldkörner des Vertrauens auf Gott und der Liebe zueinander bestehen. Im Hauptgebot hat er es uns ins Herz geschrieben: Nur die Liebe zählt: »Was ihr für eine meiner geringsten Schwestern und einen meiner geringsten Brüder getan habt, das habt ihr mir getan!« (Mt 25,40).
   Was bleibt denn von uns? Gehen wir heute einmal durch unsere Wohnung: Alles, was wir fünf Jahre lang nicht angesehen oder gebraucht haben, könnten wir verschenken! Und wenn ein Zimmer im Seniorenheim auf uns wartet: Was dürfen wir mitnehmen? Was bleibt und zählt letztlich?
4. Auch unsere Zeit liegt in Gottes Händen. Wir wissen nicht, wie lange die Körnchen unserer Zeit noch durch die Mitte rinnen. Nur die Liebe zählt!

Und doch darf der Verstorbene, dürfen wir alles Gott in die Hände legen: was im Leben zerbrochen ist; was nur Fassade war; wo wir hinter unseren Möglichkeiten blieben. Gott entzündet seine Barmherzigkeit an einem von unseren Goldkörnchen in der unteren Hälfte. Das ist jetzt unser Bitten und unser Vertrauen: Lass uns die kostbare Zeit in Ewigkeit verwandeln dürfen.

55. Geformt und eingefügt

Symbol

Ein Mauerstein, an dem eine Ecke abgeschlagen ist.

Hinweis

Besonders geeignet bei einem Maurer oder bei einem/einer Verstorbenen, für die das selbst gebaute Haus eine besondere Bedeutung hatte.

Lesungen

1 Petr 2,4–8: Lebendiger Stein im geistigen Bau sein.
Mt 5,14–17.19–23: Mit seinen Talenten gearbeitet.
Joh 15,4–5.9: Verbindung mit Jesus halten.

Ansprache

(L. zeigt den Mauerstein) Diesen Mauerstein habe ich mitgebracht, um damit über das Leben von N. N. nachzudenken. *(Bei einem Maurer oder einem verwandten Beruf:* Ahnen Sie, wie viele solcher Mauersteine während seiner Berufszeit durch die Hände des Verstorbenen gingen?)
Aber schauen wir doch näher hin:
Als Säugling sind wir ja wie ein Klumpen Lehm, der vorsichtig geformt werden muss, um später in den Bau der Gemeinschaft und Gesellschaft zu passen. Danke an die Eltern und Geschwister, die damals mitgeholfen haben zu kneten und zu härten *(Genaueres)*. Dann kamen die Schuljahre, Prüfungen, Klausuren, Liebeskummer. Das war manchmal wie ein Gehen durchs Feuer, das wir alle aushalten müssen, um im Leben

gebraucht werden zu können. So hat N. N. … *(Anzahl)* Jahre als … *(Berufsbezeichnung)* gearbeitet und auch das schöne Gefühl erlebt, an einem Bau vorbeizugehen, an dem er mitgearbeitet hat.
Aber wir können das Haus darüber hinaus auch im übertragenen Sinn verstehen, als er ein Heim für seine Familie baute und sich dabei selbst als Stein einfügte. Wir schauen genauer hin: … *(Anzahl)* Jahre waren Sie verheiratet, … Kinder und … Enkel *(ergänzen)* füllten die Räume mit Lachen und Weinen.
Aber der Verstorbene ließ sich auch noch in andere Bauten einfügen: Er arbeitete mit im Sportverein, beim Roten Kreuz … *(jetzt alles aufzählen).* Dafür danken wir ihm, denn wir brauchen in unserer Gesellschaft Leute, die es nicht in die Gemeinschaften hereinregnen lassen. Auch wir als Kirche danken ihm als lebendigen Stein – wie es in der Lesung aus dem Petrusbrief hieß.
Etwas habe ich vergessen, schauen Sie mal *(L. zeigt die Stelle)*: Sie sehen an diesem Mauerstein hier: Es ist eine Ecke abgeschlagen. Das war ein besonderer Schicksalsschlag *(Genaueres: Unfall, Tod eines Kindes …)* oder vielleicht auch nur eine Marotte des Verstorbenen: Irgendwo haben wir doch alle eine Ecke ab, wenn wir ehrlich sind! Aber wer um die Barmherzigkeit Gottes weiß, wird mit dem Mörtel der Liebe die Ecke ersetzen können. *(Bei einem Maurer:* Aber für einen Maurer kein Problem: Mit dem Mörtel der Liebe wird die Stelle verputzt und alles ist in Ordnung.)
Was unser Glaube nicht alles heilen kann! Vor allem – wie es in der Lesung hieß –: »Lasst euch als lebendige Steine zu einem geistigen Haus aufbauen.« Und: »Kostet, wie gütig der Herr ist.« (vgl. Vers 3) Und so ist jetzt unser Wunsch: Guter Gott, nimm den lebendigen Stein N. N. jetzt und füge ihn in die Mauern des himmlischen Jerusalems ein. Dann können wir den Verstorbenen getröstet loslassen. Und freuen uns auf ein Wiedersehen!

(L. stellt den Stein hochkant auf den Altar)

56. Wie Sterne am Himmel

Symbol/Vorbereitung
Ein Stern.

Hinweis
Verändert auch beim Tod eines Kindes einsetzbar.

Lesungen
Offb 1,14–18: Der Apostel Johannes sieht in einer Vision den, der die Schlüssel zum Tod und zur Unterwelt hat.
Joh 8,12: Ich bin das Licht der Welt.

Ansprache
Sie haben auf Ihrer Anzeige Sterne als Symbol hinzugefügt: Der Stern steht in vielen Kulturen für den in den Himmel aufgenommenen Verstorbenen.
In zahlreichen Todesanzeigen tauchen Sterne in der Symbolsprache auf. Hier eine Auswahl *(nur zwei bis drei zitieren):*

Menschen, die man liebt, sind wie Sterne:
Sie können funkeln und leuchten noch lange nach ihrem Erlöschen.

In der Dunkelheit der Trauer leuchten die Sterne der Erinnerung.
MICHAEL PLENER

Wenn ein Stern erlischt, leuchtet sein Licht noch Millionen von Jahren.

Geliebte, wenn mein Geist geschieden,
so weint mir keine Träne nach;
denn, wo ich weile, dort ist Frieden,
dort leuchtet mir ein ew'ger Tag!

Wo aller Erdengram verschwunden,
soll euer Bild mir nicht vergehn,
und Linderung für eure Wunden,
für euern Schmerz, will ich erflehn.
Weht nächtlich seine Seraphsflügel
der Friede übers Weltenreich,
so denkt nicht mehr an meinen Hügel,
denn von den Sternen grüß' ich euch!

ANNETTE VON DROSTE-HÜLSHOFF

Wenn du bei Nacht den Himmel anschaust, wird es dir sein, als leuchteten alle Sterne,
weil ich auf einem von ihnen wohne, weil ich auf einem von ihnen lache …
Und wenn du dich getröstet hast, wirst du froh sein, mich gekannt zu haben. Du wirst Lust haben, mit mir zu lachen …

ANTOINE DE SAINT-EXUPÉRY, DER KLEINE PRINZ

Ein neuer Stern am Himmel …
Du leuchtest weiter in unseren Herzen.

Ich darf versuchen, die Sterne der Erinnerung bis zu dem großen Stern zu führen, der unser aller Leben erleuchten will.
Da möchte ich zunächst einen kleinen siebenjährigen Jungen zitieren, der sich auch in die Kondolenzliste für den im Jahr 2000 plötzlich verstorbenen Oberbürgermeister der Stadt Köln, Harry Blum (er war nach nur 169 Tagen im Amt an einer schweren Herzkrankheit gestorben), eingetragen hatte. Der Junge hatte geschrieben: »Ich war mit meinem Fahrrad und du warst mit deinem Fahrrad. Wir hatten fast einen Zusammenstoß. Du sagtest, beinahe hätten wir beide Sternchen gesehen, und hast gelacht. Meine Mama erzählte mir, du bist der Oberbürgermeister von Köln. Ich hoffe, du kannst jetzt die ganz großen Sterne sehen. Ich werde für dich beten.«

»Ich hoffe, du kannst jetzt die ganz großen Sterne sehen«, schrieb der Junge. Darum ein Blick in die Bibel, um den ganz großen Stern ins Auge zu fassen:

Da steht schon im Alten Testament: »Ein Stern geht über Jakob auf« (Num 24,17), nach dem auch die Weisen aus dem Morgenland suchten. Und bei Matthäus (2,2) heißt es: »Wir haben seinen Stern aufgehen sehen und sind gekommen, um ihm zu huldigen.« Und wenig später: »Da fielen sie nieder und huldigten ihm« (Mt 2,11). In der Lesung haben wir eben Genaueres über diesen Stern erfahren: »Seine Stimme war wie das Rauschen von Wassermassen. In seiner Rechten hielt er sieben Sterne und aus seinem Mund kam ein scharfes, zweischneidiges Schwert und sein Gesicht leuchtete wie die machtvoll strahlende Sonne« (Offb 1,15b.16). Diese Sonne ist gemeint, von der es bei Johannes heißt: »Ich bin das Licht der Welt. Wer mir nachfolgt, wird nicht in der Finsternis umhergehen, sondern wird das Licht des Lebens haben« (Joh 8,12).

Wir wissen heute, dass alle Sterne selbst Sonnen sind. Wir wollen nun danken für alle Leuchtkraft des Verstorbenen, die er in unsere Welt gebracht hat *(hier auf die Verdienste des Verstorbenen eingehen)*. Aber auch er braucht – ebenso wie wir – die Leuchtkraft der Sonne, die wir in Jesus Christus suchen und finden können. Seine Auferstehungssonne leuchtet gegen alle Finsternis dieser Welt. So wollen wir beten, dass Jesus den Mantel seiner Barmherzigkeit über all das legen möge, was der Verstorbene in seinem Leben falsch gemacht hat.

»Ich werde für dich beten!«, schrieb der Junge ins Kondolenzbuch. So wie wir für den Verstorbenen jetzt beten. Wir haben »drüben« einen neuen Freund, der für uns bei der ewigen Sonne bittet.

Hinweis: Siehe auch Nr. 74 »Der kleine und der große Stern«.

57. Ein Leben wie ein halbvolles Glas

Symbol/Vorbereitung

Ein Glas, das genau zur Hälfte mit Wasser gefüllt ist.

Hinweis

Geeignet bei einem sehr positiven Menschen.

Lesungen

Ijob 19,1.25–27: Ich weiß, dass mein Erlöser lebt.
(Vgl. Messlektionar VII, S. 412; Die Begräbnisfeier, S. 200)

Joh 3,14–17: Im erhöhten Christus findet jeder, der ihm vertraut, das ewige Leben.
(Siehe Messlektionar VII, S. 487)

Ansprache

(L. zeigt das halbvolle Glas) Es kommt auf den Blick an: Sehe ich das Glas zur Hälfte gefüllt oder halbleer? Es gibt Menschen, die neigen dazu, immer zunächst alles halbleer zu sehen, das Negative zu überhöhen und sich so das Leben unnötig schwer zu machen. Und es gibt Menschen, die gelten als Optimisten, die sehen das Glas immer als halb gefüllt an. N. N. war so eine Frau, die immer positiv an ihre Aufgaben heranging. Positiv ist auch die Ernte ihres Lebens: … *(Zahl nennen)* Jahre war sie mit N. N. verheiratet; sie haben also dankbar die goldene/diamantene Hochzeit gefeiert. Und sie durften auf … Kinder und … Enkel *(Zahl einfügen)* schauen. Oft sagte sie: »Sie sind mein Glück«, bis vor… *(Anzahl)* Jahren durfte sie mit ihrem Mann sagen: »Sie sind unser Glück!«

Warum war für sie das Glas immer halbvoll, obwohl sie es oft schwer im Leben hatte? *(Beispiele nennen: war Halbwaise, musste früh Verantwortung übernehmen, lange Krankheit …)*

(Entsprechendes an positiven Erfahrungen aufzählen:)

- Weil sie ein Musikfan war: die Musik von Beethoven und Bach liebte sie; Klavier und Orgel waren ihr vertraut; sie sang gerne bei Hochzeiten.

- Weil ein lebensbejahendes Gefühl sie trug, das vom Glauben an einen barmherzigen Gott erfüllt war.
- Weil sie eng mit der Natur verbunden war und der kleine Garten hinter dem Haus sie immer eintauchen ließ in Gottes wunderbare Schöpfung.
- Wenn sie im Laufe ihres Lebens immer wieder im Wohnwagen mit der ganzen Familie unterwegs war von Südtirol bis zur Nordsee, dann verstärkte das ebenfalls ihr positives Lebensgefühl.

Ja, sie hat in ihrem Leben nicht nur von der Seitenlinie aus zugeschaut, sondern im Beruf und in der Hilfe für Notleidende ein offenes Herz gezeigt. Wir möchten sie wiedersehen und dürfen darauf vertrauen, dass unser Herr Jesus Christus ihr halbvolles Glas bis an den Rand füllen wird! Dafür beten wir jetzt.

(L. stellt das Glas auf den Altar)

Besondere Feste und Zeiten im Jahreskreis

58. Ein Herz für die Menschen
(Advents- und Weihnachtszeit)

Symbol/Vorbereitung

Ein Lebkuchenherz.

Lesungen

Tit 3,4–7: Erschienen ist die Menschenliebe Gottes.
Lk 2,1–14: Jesus ist geboren.

Ansprache

Wer an Weihnachten ein Lebkuchenherz verschenkt, kann getrost darauf schreiben: »Ich liebe dich!« Das wird zur doppelten Aussage. Gott spricht in seinem Sohn zu uns: »Ich liebe dich!« Und: Bereits Kinder verstehen das Herz als Symbol für: »Ich hab dich lieb!«
Auch zu N. N. wurde schon bei der Geburt gesagt: Ich hab dich lieb. Ungeheuer wichtig, dass das ein Kleinkind zu spüren bekommt. Dann kann es auch im Erwachsenenalter vertrauenswürdiger sagen: »Ich hab dich lieb!« Das hat Ihr Mann im Jahre … *(ergänzen)* Ihnen, Frau N.N., gesagt, und aus dieser Liebe erwuchsen … *(Anzahl)* Kinder und … *(Anzahl)* Enkel. Wie viel greifbare Liebe!
Die Zutaten im Lebkuchenherz erinnern ein bisschen an Tausendundeine Nacht: Wie etwa Kardamom, Ingwer, Macisblüte, Piment, Orangeat, Zitronat, Nelken, Zimt, Rosenwasser, Bittermandel. Sie sollen das manchmal fade Leben mit allen Sinnen genießen lassen in der wohlschmeckenden Würze. Mit allen Sinnen genossen hat auch N. N. manchmal. Denken wir an *(aufzählen: besondere Reisen, schönes Hobby, Silberhochzeit …)*.
Mehr noch will der Honig gegen manche Bitterkeit im Leben stehen *(aufzählen)*. Den Israeliten hat Gott auf der mühsamen Wüstenwanderung ins Gelobte Land das Manna zum Überleben geschenkt, das wie

Honigkuchen schmeckte! Wir nennen die heilige Kommunion, die Eucharistie, auch Manna, Lebensbrot.
Jetzt ist N. N. auf dem Weg in das Land, das – symbolisch gesprochen – von Milch und Honig fließt. Dann wird er spürbarer erfahren, dass Gott ein Herz für die Menschen hat.
(L. stellt das Lebkuchenherz gegen einen Kerzenleuchter)

59. Christus holt uns in seine Herrlichkeit (Weihnachtszeit)

Symbol/Vorbereitung
Eine (rote) Christbaumkugel.

Hinweis
Über das Jahr eignet sich für diese Ansprache auch die Tonkugel, die seit einiger Zeit im Handel ist, schon auf manchen Gräbern liegt und häufig die Aufschrift trägt: »Auferstehung ist unser Glaube, Wiedersehen unsere Hoffnung, Gedenken unsere Liebe.«

Lesungen
1 Kor 15,12–22: In Christus werden alle wieder lebendig gemacht.
Joh 14,1–6: Glaubt an mich – ein Platz steht für euch bereit.
(Siehe Messlektionar VII, S. 498; Die Begräbnisfeier, S. 281)
In der Weihnachtszeit:
Jes 9,1.5: Das Volk, das im Dunkel lebt, sieht ein helles Licht;
Lk 2,9–14: Heute ist euch der Retter geboren.

Ansprache
(L. zeigt auf die Christbaumkugel) Wer solche Kugeln in diesen Tagen in den Tannenbaum hängt (gehängt hat), weiß in der Regel nicht, was der geschmückte Baum uns sagen will, denn so viel Herrlichkeit passt ja eigentlich nicht zum armen Kind im kalten Stall. Darum darf ich ein wenig erklären:

Zunächst erinnert die Kugel an den Apfel des Paradieses, der so viel Unheil heraufbeschwor! Dabei steht im ersten Buch der Bibel gar nichts von einem Apfel, aber wegen der schönen, leuchtenden Frucht haben die Künstler meistens den Granatapfel oder Apfel als verführerische Frucht in den Baum der Erkenntnis von Gut und Böse gemalt.
Auch der Verstorbene musste daran leiden, dass wir Menschen aus dem Paradies vertrieben worden sind: Wir erleben es ja täglich in den Nachrichten neu: Wenn der Mensch auf die verführerischen Worte der »alten Schlange«, des Bösen, hört, gibt es Mord und Totschlag. Auch die Mühsal der Arbeit, Krankheit und dass wir sterben müssen, ist der biblischen Tradition nach eine Folge der Schuldverstrickung der Menschen *(hier benennen, was der Verstorbene an Leiden durch Krankheiten oder Mühsal im Beruf ertragen musste).*
Seit das Kind in der Krippe geboren wurde und Jesus Christus uns durch das Kreuz wieder die Paradiesestür aufgeschlossen hat, legte man Äpfel unter den Weihnachtsbaum als Zeichen dafür, dass durch Jesus diese alte »Sünde« überwunden ist und Liebe und Versöhnung in die Welt kamen. Ja, kleine Holzäpfel wurden mit Silber- und Goldfolie umwickelt und in den Christbaum gehängt – die Christbaumkugeln als Zeichen der Erlösung.
Wenn wir also positiv in die Zukunft schauen dürfen, dann ist Arbeit nicht nur Mühsal, sondern Neuschöpfung der zerschundenen Welt; dann ist unsere Liebe Hoffnung auf ein Stückchen Paradies – jetzt schon. Darum danken wir dem Verstorbenen für seine Liebe und sein Engagement *(Genaueres aufzählen).*
Diese Kugel *(L. zeigt sie wieder)* auf den Gräbern ist also auch Symbol für die Unendlichkeit, die Ewigkeit Gottes: Die Kugel hat kein Vorne oder Hinten, kein Oben oder Unten, keinen Anfang und kein Ende. Der Retter Jesus Christus, der uns eine Wohnung im Himmel bereitet hat, empfängt uns mit göttlicher *Macht (hier kann erwähnt werden, wie sehr der Verstorbene auch aus diesem Glauben an die Auferstehung gelebt hat).*
Darum trifft das, was auf dieser Kugel steht (stehen könnte), unsere christliche Überzeugung: »Auferstehung ist unser Glaube, Wiedersehen unsere Hoffnung, Gedenken unsere Liebe.«

60. Gott hat uns sein Herz geschenkt
(Weihnachtszeit)

Symbol/Vorbereitung

Ein Weihnachtsstern als Topfblume.

Lesungen

Tit 3,4–7: Erschienen ist die Güte und Menschenfreundlichkeit Gottes.
Lk 2,1–14: Heute ist euch der Retter geboren.

Ansprache

(L. zeigt die Blume) Immer wenn wir bei einem Todesfall um Fassung ringen und unser Gemüt sich verfinstert, dürfen wir auf die Blume schauen, die uns jetzt überall begegnet: Oft ist die Sternblüte in der Mitte weiß: Wie die Sterne (= Planeten) am Himmel, die unsere Sonne widerstrahlen, der Nacht etwas von der Finsternis nehmen, so dürfen wir an Jesus denken, der in seiner Geburt unsere Finsternis hellgemacht hat. Diese tiefe Symbolik lässt uns schon ein wenig durchatmen: Wir glauben an das göttliche Kind in der Krippe, das alle Finsternis hellgemacht hat, das auch N. N. in seine Herrlichkeit führen will.

Noch mehr liebe ich die Weihnachtssterne mit roter Blüte. Sie können uns sagen: Gott hat uns in seinem Sohn sein Herz geschenkt. Das meint ja die rote Farbe: Herz und Liebe. Hier schon ein Dank, wenn der Verstorbene immer wieder Herz gezeigt hat: Seiner Frau in … *(Anzahl)* Jahren des gemeinsamen Unterwegsseins, die Liebe zu … Kindern und … *(Anzahl)* Enkeln. Am Ende werden wir ja gefragt, ob wir Liebe im Leben gezeigt haben.

In Kindern und Enkeln wird diese Liebe weitergegeben, aufblühen – so hoffen wir. Es ist interessant, wie Weihnachtssterne vermehrt werden können: Entweder bricht man das Herz heraus und setzt es wieder in die Erde oder man sät den Samen aus, der im Herzen des Sterns wächst. Im Leben gibt es immer wieder Momente und Herausforderungen, wo wir ein Stück unseres Herzens herausbrechen müssen, damit es gut weitergehen kann *(evtl. ein Beispiel nennen).* Und alles, was wir an Gutem aus-

säen, wächst weiter, auch wenn wir in dieser Welt Abschied genommen haben.
Bleibt die Betrachtung der grünen Blätter: N. N. ist gerne in die Schöpfung eingetaucht *(eigener Garten, im Urlaub ...)*. – Grün ist auch die Farbe der Hoffnung, dass uns über den Tod hinaus eine große Zukunft versprochen ist. Schon der Tannenbaum mit seinen immergrünen Blättern erzählt uns von der Hoffnung, dass Gott überall für uns da ist und uns einmal ganz in seine herrliche Gegenwart holen will.
Das Grün mahnt uns aber auch, mit unserer kostbaren Welt verantwortungsvoll umzugehen.
Wir danken für N.N., den wir in unserem Miteinander vermissen werden. Wir glauben, dass wir ihn wiedersehen – nicht mehr an der Krippe des göttlichen Kindes, sondern in den liebenden Händen unseres Erlösers.
(L. stellt den Weihnachtsstern auf den Altar)

61. Der rettende Strohhalm
(Weihnachtszeit)

Symbol/Vorbereitung
Ein Strohhalm.

Hinweis
Geeignet bei einem Menschen, dem der Glaube wichtig war.

Lesungen
Röm 14,7–9: Wir leben und sterben dem Herrn.
(Siehe Messlektionar VII, S. 508, vgl. Die Begräbnisfeier S. 222)
Lk 12,36–37: Treue Menschen wird er bedienen.

Ansprache
Die Verstorbene liebte die folgende Geschichte *(alternativ:* liebte es, in dieser Zeit Weihnachtsgeschichten zu hören.) Deshalb:

Ein Hirt hat sich nach dem Besuch im Stall zu Betlehem als Andenken einen Strohhalm aus der Krippe mitgenommen. – So einen Strohhalm wie diesen hier.

1. Was bedeutet schon ein Strohhalm, nach dem wir im Leben greifen? Darum haben auch die anderen Hirten gelacht, als sie das bemerkten. Aber wenn der Hirte den Strohhalm mit dem Kind in der Krippe verband, wurde er für ihn zum rettenden Strohhalm, der über Wasser halten kann. Es gibt sie noch, die Familien, die im Alltag miteinander beten, um den Glauben als rettenden Strohhalm wachzuhalten. So war es auch bei der Verstorbenen. Und sie selbst wurde (vielleicht deshalb) *zum rettenden Strohhalm* für ihre ganze Umgebung. Wer hat nicht ihre Hilfe erfahren? *(Genaueres einfügen).* Wer sich selbst gehalten fühlt, der kann auch andere halten. Darum sagen wir ihr: danke!
2. Die Hirten damals, so erzählt die Geschichte weiter, hatten kein Verständnis dafür und wollten den anderen bewegen, den Halm wegzuwerfen: »Stroh ist doch wertlos, es wird von Tieren zertreten; Stroh ist Abfall. Wirf ihn weg!« Doch der Hirt wusste: Der König der Welt lag auf diesem wertlosen Stroh. Er ist der König, der kleine Leute groß machen kann, wie die Auswahl seiner Jünger beweist. Und Maria konnte doch singen: *»Der Mächtige hat Großes an mir getan!«* Er braucht alle, die sich auf ihr Wirken nichts einbilden. So blieb auch die Verstorbene stets bescheiden, obwohl sie Großes leistete! *(Genaueres einfügen)* Sie war auch Mittelpunkt der Familie *(einfügen: Anzahl der Kinder und Enkel; wie lange verheiratet).* Darum sind ihr so viele zum Dank verpflichtet! Das sage ich besonders im Namen der Angehörigen.
3. Weiter heißt es in der Geschichte: Ein Hirt riss ihm schließlich den Strohhalm aus der Hand und rief: »Du machst mich ganz verrückt damit!«, zerknickte ihn voller Wut *(L. tut es mit seinem ebenso)* und warf ihn auf die Erde. Aber der andere Hirte hob ihn auf, strich ihn glatt *(L. tut es)* und zeigte ihn den anderen: »Seht ihr, er ist trotzdem brauchbar.« Das wird auch so mit dem Kind in der Krippe sein, das später sagen wird: *»Das geknickte Rohr werde ich nicht zerbrechen!«*

Darum glaube ich an einen Gott, der auf krummen Zeilen gerade schreiben kann!
So ließ sich auch die Verstorbene nicht unterkriegen, als ... *(hier Zutreffendes einfügen: Schicksalsschläge, Krankheit).* Trotz dieses Leids glaubte sie weiter fest an den Gott in Jesus Christus und blieb auch weiterhin Mittelpunkt der Familie.
Nun danken wir ein drittes Mal mit Blick auf das, was sie auch in der Krankheit noch geleistet hat. – Wir haben also allen Grund, Gott von Herzen zu danken, dass wir N. N. gehabt haben.

4. *(L. zeigt den Strohhalm)* Sie können aus dem Strohhalm leicht einen Strohstern binden und ihn aufhängen, um sich daran zu erinnern: Jesus bleibt ein menschenfreundlicher Stern, der uns heimleuchtet ins ewige Leben!

(L. lehnt den Strohhalm gegen ein kleines Standkreuz oder eine Kerze auf dem Altar)

62. Den Lebenskarren an einen Stern binden (Weihnachtszeit)

Symbol

Ein schöner Stern – vielleicht sogar von innen erleuchtet.

Lesungen

Tit 3,3–8: Die Güte und Menschenfreundlichkeit Gottes ist uns aufgeleuchtet.
Mt 2,1–12: Die Sterndeuter folgten dem Stern bis zum Kind in der Krippe.

Ansprache

Der Verstorbene kannte wahrscheinlich nicht den Spruch von Leonardo da Vinci – der lebte vor 500 Jahren –: »Binde deinen Karren an einen Stern!«, aber er lebte danach:

1. In jedem Kind, das Menschen geschenkt ist, kann ich einen Stern sehen, etwas Wunderbares, das uns aufleuchtet. Darum beugen El-

tern sich gerne tausendmal herunter, um das Kleine groß zu machen. So war es auch bei N.N.: Und als er mit seiner Frau N. selbst Kinder *(Anzahl)* hatte, waren sie auch bereit, sich zu bücken und Nachteile für sich in Kauf zu nehmen, um dem Göttlichen im Kind zu dienen – wie damals Maria und Josef. Und bei den Enkeln *(Anzahl)* wiederholte sich das eigentlich »heilige« Spiel.

2. Binde deinen Beruf an einen Stern! Heute ist der Beruf häufig nur ein Job zum Geldverdienen. Es ist ja auch enttäuschend, wenn der Traumberuf nicht zu haben ist. Bei N.N. war das anders, er liebte seinen Beruf *(Näheres)*, denn der schenkte ihm Sinn und Erfüllung. *(Genaueres: … Jahre als …)*.

3. Binde deinen Rollator an einen Stern! Wer in mehr oder weniger schleichendem Schritt hinter seinem Rollator hergeht, denkt wehmütig an die Tage zurück, als der Körper beweglicher war, ja noch tanzen konnte *(Genaueres: Dorffeste, Jubiläen, Auszeichnungen?)*. Aber trotz allem kann ich mit mehr Mut unterwegs sein, wenn ich daran denke, dass der Gang der Sterndeuter durch die Nächte und Wüstenfelder auch beschwerlich war.
4. Binde deine Krankheit an einen Stern! Da war die Operation, die Krankheit, der Unfall *(Genaueres)*, die Folgen hatten. »An einen Stern binden« heißt: Auch mit 30 Prozent meiner früheren Möglichkeiten kann ich das Beste daraus machen, wenn ich bete: »Dein Wille, guter Gott, geschehe!« – wie ja auch Jesus Leid und Kreuz ertrug. Und daraus erwuchs die Sternstunde seiner Auferstehung und unser Trost, dass der Tod nicht das letzte Wort hat.

So danken wir, dass wir N.N. gehabt haben, und dass er den Stern, der uns in Jesus Christus aufgeleuchtet ist, nie aus den Augen verloren hat. So möge ihn unser Herr jetzt in das Licht seiner Herrlichkeit eintauchen lassen.

(L. lehnt den Stern gegen einen Kerzenleuchter auf dem Altar)

63. »Bravo: Ab in den Himmel!«
(Fasching / Fastnacht / Karneval)

Symbol/Vorbereitung

Eine Clownfigur, wie sie des Öfteren in Wohnungen steht; oder ein Blumenstrauß, mit einer Luftschlange verziert; oder Karnevalsorden o. Ä.

Hinweis

Besonders geeignet bei Menschen, die viel Lebensfreude hatten: bei Karnevalisten, Spaßmachern, Witze-Erzählern …

Lesungen

Offb 20,11–15: Das Buch des Lebens wurde aufgeschlagen.
(Vgl. Messlektionar VII, S. 440; Die Begräbnisfeier, S. 235)
Mt 25,31–40: Wir werden am Ende nicht gefragt, was wir alles besessen haben; die Frage lautet: Hast du geliebt?
(Vgl. Messlektionar VII, S. 467; Die Begräbnisfeier, S. 255)

Ansprache

Wir nehmen Abschied von einer sehr bemerkenswerten Frau: Sie hatte eine lebensfrohe Natur, die selbst in schweren Zeiten immer wieder durchbrach. Darum habe ich diese Clownfigur mitgebracht *(L. zeigt sie).* N. N. lebte besonders auf, wenn die fünfte Jahreszeit anstand. Da erfand sie immer neue Kostüme und ließ keine Feier aus *(hier auch ihr Engagement in Gruppen oder Gesellschaften aufzählen …).* Das färbte auf die ganze Familie ab *(hier aufzählen, ob und ggf. wie lange verheiratet, wie viele Kinder, Enkel …).*
Dabei war sie tief im Glauben verwurzelt. Der hielt sie sozusagen im seelischen Gleichgewicht. So lebte sie uns eine neue Art der Weisheit der Mönche vor: Das »Bete und Arbeite!« verwandelte sie in: »Vertrau auf Gott und bringe vor allem Freude in die Welt!« Sicherlich sind auch deshalb heute so viele gekommen, weil sie dankbar sind, durch ihre Lebensfreude auch selbst Sonnenstrahlen im Herzen gespürt zu haben.

Selbst als sie krank wurde *(jetzt die Schatten ihres Lebens aufzählen)*, verlor sie nie den Humor, der ja über sich selbst lachen kann. Darum stelle ich mir vor, dass auch ihr widerfährt, was in einer Legende vom Letzten Gericht Gottes erzählt wird. Eine Legende mit wahrem Kern:
Jesus, der Weltenrichter, saß vor dem aufgeschlagenen Lebensbuch und sah nach, was darin über die Verstorbenen geschrieben steht. Sie kennen das Lebensbuch, das im letzten Buch der Bibel erwähnt wird (vgl. Lesung). Sie sehen so ein Buch aus Stein auf vielen Gräbern, wo auf der rechten Seite der Name des Verstorbenen eingetragen ist.
Eine ganze Reihe Leute, große und kleine, stand voller Furcht vor Jesus. Und der sagte zum Ersten: »Da steht im Buch des Lebens: Ich hatte Hunger, du hast mir zu essen gegeben. Bravo, ab in den Himmel!« Und zum Nächsten: »Hier steht: Ich war krank und du hast mich besucht! Bravo, ab in den Himmel!« Und dann: »Keiner wollte etwas mit mir zu tun haben; du aber hast mich zum Mitspielen eingeladen. Ab in den Himmel!« Und: »Alle haben mich gemobbt. Aber du hast mich verteidigt. Bravo, ab in den Himmel!« Jeder und jede erzitterte und hoffte gleichzeitig. Auch unsere Verstorbene. Vielleicht dachte sie: Hab ich das, trifft das auf mich zu?
Schließlich war sie an der Reihe. Da blickte Jesus auf und sagte: »Hier steht: Ich war traurig, enttäuscht, depressiv, da bist du zu mir gekommen und hast mich zum Lachen gebracht, und ich hatte wieder Mut. Bravo! Ab in den Himmel!«
(nach einer Legende, aufgeschrieben von Albino Luciani = Papst Johannes Paul I.)
Ja, das wünschen wir unserer Verstorbenen: dass sie jetzt einen Freudensprung durchs Himmelstor macht!
(L. stellt die Clownfigur neben das Standkreuz auf dem Altar oder an einen anderen, gut sichtbaren Ort)

64. Durch Leid zur Herrlichkeit
(Fastenzeit / Osterzeit / Maria)

Symbol/Vorbereitung

Eine Passionsblume im Topf.

Lesungen

Offb 21,2–5a.6b–7: Seht, ich mache alles neu.
(Vgl. Die Begräbnisfeier, S. 236)
Joh 14,1–6: Ich gehe, um einen Platz für euch zu bereiten.
(Siehe Messlektionar VII, S. 498; Die Begräbnisfeier, S. 281)

Ansprache

Ich habe Ihnen heute diese Blume mitgebracht, die Verstorbene liebte ja Blumen. Man nennt sie Passionsblume, und sie passt deshalb besonders gut in diese Zeit. Jemand sagte einmal: Ein Tee aus ihren Blüten ist Medizin gegen alles Bösartige.

Weil Blumen ihr so viel bedeuteten, darf diese jetzt zum Abschied ihr Leben spiegeln. Wir werfen viermal einen Blick auf sie:

1. Zuerst die Blüte mit ihren zehn Blütenblättern. Wir denken an alles, was von ihrer Blüte uns erfreute. *(Jetzt aufzählen: wie lange verheiratet, Anzahl der Kinder und Enkel, ihr Engagement in Vereinen, ihre Herzensgüte)* Dafür sagen wir Danke!
2. Wir schauen auf die Blüte und sehen darüber auf *drei Narben*. Der Volksmund machte daraus die drei Nägel, die Jesus durch Hände und Füße geschlagen wurden (*ein* Nagel durch die übereinandergelegten Füße – wie manchmal dargestellt). Darunter auf dem Boden der Blüte ein *rotgesprenkelter Strahlenkranz*. Beides deutet auf das Leiden Christi, darum der Name »Passionsblume«, aber weist auch auf das Leiden der Verstorbenen hin *(hier Näheres)*.
3. Nach dem roten Strahlenkranz folgt auf der Blüte ein *weißer Strahlenkranz*. Weiß ist die Festfarbe von Ostern: Wir gehen mit Jesus durch Leid und Tod zur Herrlichkeit des ewigen Lebens. Wir haben Hoffnung über den Tod hinaus. Darum ist Ostern für uns das

höchste Fest, das Fest der Feste. Die Trauer dürfen wir Lebende nicht abkürzen. Aber als Christen dürfen wir weiterschauen über den Horizont dieser Welt hinaus.

4. Und noch ein vierter Blick auf die Blüte mit ihren *farbigen Strahlenkränzen*. Auf den roten und weißen folgt ein blauer. Blau ist die Farbe des Glaubens und Vertrauens auf Gott. In besonderer Weise hat uns Maria vorgelebt, wie wir im Glauben an Gott alles wagen können *(ggf. auf die Marienverehrung der Verstorbenen eingehen: Wallfahrten, Rosenkranzgebet)*. Blau ist aber auch die Farbe des Himmels. Gerade in den letzten Kapiteln der Heiligen Schrift steht viel von der Hoffnung auf einen neuen Himmel und eine neue Erde, in denen Gerechtigkeit wohnt. Dort – so sagt uns der Glaube an den Auferstandenen – sehen wir uns wieder. Ist jetzt unser Herz bedrückt, so dürfen wir bald auch den Blick erheben und wieder das »Halleluja« sprechen.

Ja, »durch Leid und Kreuz zur Herrlichkeit der Auferstehung«, so haben die Ältesten hier noch im Katechismusunterricht gelernt. An dieser Glaubensaussage hat sich nichts geändert. Darum dürfen wir sagen: Wir werden die Verstorbene wiedersehen in einer Welt voller Herrlichkeit, die noch kein Auge gesehen und kein Ohr gehört hat, die uns Jesus aber versprochen hat.

(L. stellt die Passionsblume auf den Altar)

65. Sie trugen Palmzweige in ihren Händen

(Fastenzeit / um Palmsonntag)

Symbol/Vorbereitung

Ein Palmzweig.

Lesungen

Offb 7,2–4.9–14: Die vor dem Thron tragen Palmzweige in ihren Händen.

Joh 17,24–26: Sie sollen meine Herrlichkeit sehen.

(Siehe Messlektionar VII, S. 499; Die Begräbnisfeier, S. 282)

Ansprache

Sie haben, liebe Trauernde, auf die Todesanzeige (auf die Urne) als Symbol einen Palmzweig setzen lassen. Sie wollen damit ausdrücken: Der Sieg über den Tod ist gelungen, der Lauf vollendet; dem Einzug ins Paradies Gottes steht nichts mehr im Wege.

Am Palmsonntag tragen auch wir beim nachempfundenen Einzug des Christuskönigs in Jerusalem Palmzweige in den Händen. Ebenso – das haben wir eben in der Lesung gehört – stehen die Auserwählten mit diesem Siegeszeichen vor dem Throne Gottes.

Der Palmzweig stammt von dem Baum, der Kokosnüsse trägt. Das sind zwar Steinfrüchte, aber wir sehen sie als die größten Nüsse an, die wir kennen. Gott gibt uns im Leben eine Menge Nüsse zu knacken; am schwersten ist für uns Menschen dabei die Nuss des Todes. Vielleicht sehen wir auch darum auf Abbildungen den Palmzweig in den Händen der Märtyrer und aller, die an Christus auch in Schwierigkeiten festgehalten haben. Damit soll ausgesagt sein: »Du hast gesiegt! Du erhältst den Siegespreis, den du nach diesem guten Lebenskampf verdient hast!«

Den Lebenskampf des Verstorbenen legen wir jetzt in Gottes Hände. Da gab es markante Punkte *(Genaueres).* Vielleicht waren auch manche Nüsse nicht zu knacken. Das Urteil darüber überlassen wir Gott, bitten aber zugleich um sein Erbarmen!

Auch für uns liegt so ein Palmzweig oder ein Siegeskranz bei Gott bereit. Der heilige Paulus schreibt das ganz deutlich in seinem Brief an Timotheus: »Der Kranz der Gerechtigkeit«, so schreibt er, »liegt für mich bereit. Nicht nur für mich liegt er bereit, sondern für alle, die sehnsüchtig auf sein Erscheinen warten« (vgl. 2 Tim 4,7–8).

Was hindert uns, uns anzustrengen, die Fülle des Lebens bei Gott und seinem Sohn zu erstreben? Und dabei die Freunde auf der anderen Seite wiederzusehen!

66. Im Labyrinth des Lebens die Mitte finden
(Osterzeit)

Symbol/Vorbereitung
Das abgebildete Labyrinth vergrößert zeigen oder es ist auf dem Totenzettel, dem Liedzettel, der Traueranzeige oder dem Sterbebildchen wiedergegeben.

Lesungen
Ps 23: Der gute Hirt.
Lk 24,13–35: Zwei Jünger finden in Emmaus im Labyrinth des Lebens den Auferstandenen in ihrer Mitte.
(Siehe Messlektionar VII, S. 484; Die Begräbnisfeier, S. 268)

Ansprache
Sie haben ein Labyrinth als Symbol auf Ihre Todesanzeige (Liedzettel, Urne …) gesetzt. Die Wege darin sind so verwirrend wie das wirkliche Leben.

1. Wer an die *Liebe* glaubt, und dieses Wort ist eine schöne Umschreibung für Gott, der weiß, dass er dem *roten Faden* der Liebe sicher folgen kann. Dieser Begriff geht zurück auf eine griechische Sage:
   Auf der Insel Kreta hauste in einem unterirdischen Irrgarten ein Ungeheuer, das alle neun Jahre sieben junge Mädchen und sieben junge Männer forderte und verschlang. Als der griechische Held Theseus sich freiwillig unter die Schar der Todgeweihten einreihte, gab ihm die in ihn verliebte Tochter des Königs, die schöne Ariadne, ein Knäuel mit rotem Garn in die Hand, damit er es abspule und so den Weg zurück finden könne. Und Theseus besiegte das Ungeheuer und fand mit Hilfe des Garnknäuels den Weg aus dem Labyrinth.
   Der Verstorbene hat nicht nur an die Liebe geglaubt, er ist den Weg der Liebe gegangen, und er hat Sie, liebe N. N., als Partnerin/Ehefrau an seiner Seite mitgenommen, getreu der Weisheit: Mit einem

guten Freund an der Seite ist kein Weg zu weit. Ja, wir dürfen sagen: Auch Jesus will seit der Taufe mitgehen als Freund an der Seite, und er kennt sogar genau den Weg, der zur Mitte führt.
So danken wir für all die Spuren der Liebe, die der Verstorbene uns geschenkt hat *(aufzählen: wie lange verheiratet, Anzahl der Kinder und Enkel, sein Engagement in Vereinen, in der Kirche …).*

2. Wer genau hinschaut, erkennt: Dieses Labyrinth ist kein Irrgarten, sondern wer die Wege bis zum Ende geht, findet die Mitte. Entscheidend ist, dass er nicht umkehrt oder sich mutlos hinsetzt. Doch treffen uns Krankheit, Misserfolge oder Unglücke, werden wir bis ins Mark erschüttert. Es zeigt die Stärke des Verstorbenen, dass er sich nie hat unterkriegen lassen *(Beispiele!).* Dabei waren ihm das Gebet und der Gottesdienst eine Quelle der Kraft. Denn wenn auch mancher Weg falsch erschien, als ob er von der gesuchten Mitte direkt wegführen würde, brauchte es Momente der Besinnung, in denen er sich klarmachte, dass er an einen Gott glaubt, der auch auf krummen Zeilen gerade schreiben und Verwirrendes zu einem guten Ende führen kann *(Beispiel aus dem Leben von N.N.?).*
3. Wer den Weg zu Ende geht, erreicht schließlich die Mitte, die mit einem Kreuz, dem großen Plus, gekennzeichnet ist. Früher schritten in Auxerre/Frankreich nach dem Ostergottesdienst der Bischof und sein Klerus in einem Tanz mit bestimmten Tanzfiguren das dortige Labyrinth bis zur Mitte ab und warfen sich dabei einen Ball zu. Der Ball galt als Ostersymbol für die Sonne, für Jesus Christus, der alle tödliche Finsternis überwunden hat. Heute kann uns der Ball auch an die Kugeln am Weihnachtsbaum erinnern, die ja ein Symbol für das göttliche Wirken sind. An der Kugel ist kein Oben und Unten, kein Vorne, kein Hinten, kein Rechts und Links, da ist das Leben wieder rund und verspricht neue Lebensfreude.
Wie die Emmausjünger nach dem langen Weg plötzlich den Auferstandenen in ihrer Mitte erlebten, so wünschen wir dem Verstorbenen, dass er jetzt den Ball des ewigen Lebens zugeworfen bekommt. Und wir dürfen uns darauf freuen, mit ihm einmal in der Herrlichkeit Gottes das Fest der Feste feiern zu dürfen.

67. Mit festem Stand sich eingebracht
(Osterzeit)

Symbol/Vorbereitung

Ein rotes Osterei.

Lesungen

1 Kor 15,1–8.11: Die Auferstehung ist der Grund, auf dem unser Glaube steht.
Mt 28,1–8: Der Auferstehungsglaube ist der Fels unter unseren Füßen.
(Siehe Messbuch VII, S. 469)

Ansprache

Wir nehmen Abschied von einem Menschen, der uns als Persönlichkeit mit festen Standpunkten überzeugt hat. »Fest« heißt nicht unbeweglich oder starr, sondern will sagen: Wenn ich erkannt habe, was zählt, dann brauche ich nicht mehr herumzueiern, dann kann ich Entschlüsse fassen, die weiterbringen, und sie nach Möglichkeit auch umsetzen.
Sehen Sie hier das rote Ei – es erinnert uns an Ostern, wo wir so viele Ostereier gesucht haben oder geschenkt bekamen. Es ist wichtig im Leben – und vieles entscheidet sich dabei bereits in der Kindheit und im Jugendalter –, dass wir uns nicht immer um uns selbst drehen oder uns von tausend Dingen treiben lassen *(L. dreht das Ei ein paar Mal),* sondern dass wir *(L. setzt das Ei kräftig auf dem breiten Ende auf)* – wie beim Ei des Kolumbus – einen festen Halt bekommen.
Bei N. N. dürfen wir uns zunächst bei seinem Elternhaus bedanken, in dem feste Werte herrschten und weitergegeben wurden, aber auch bei ihm selbst: Er schloss seine Ausbildung als … vor … *(einfügen)* Jahren ab, heiratete *(Jahreszahl)* und sorgte mit seiner Frau N. dafür, dass … *(Anzahl)* Kinder nicht aus dem Nest fielen. Und dann folgte auch sein Einsatz in unserer Gesellschaft *(Genaueres).* Sie sehen, trotz des harten Aufsetzens ist das Ei nicht ausgelaufen, weil … es hart gekocht ist. Ja, N. N. ist durch Hitze und Bedrängnis *(aufzählen: Krankheit, Rückschläge …)* gegangen, ist nicht unter Hürden abgetaucht, hat Rückgrat

gezeigt. Und bei all dem hat er versucht, die rote Farbe beizubehalten, also eine lebendige Liebe zu leben, die Herz und Feuer zeigte.
Es ist mir entscheidend, aufzuzeigen, dass N. N. einen lebendigen, einen österlichen Glauben lebte, der auf festem Grund stand: »Ich glaube an den auferstandenen Christus, der mich aus dem Grabe holen wird.« *(Wenn zutreffend:)* Darum bedanken wir uns, dass er sich in unserer Pfarrgemeinde engagierte.
Wir werden ihn wiedersehen, Sie als Familie und wir als Gemeinschaft, die ihn ebenfalls vermisst. Darin dürfen wir jetzt – bei aller Trauer – schon ein wenig Trost erfahren.
(L. stellt das rote Ei – aufgesetzt – auf den Altar)

68. Unterwegs mit dem Stützstab
(Osterzeit)

Symbol/Vorbereitung
Ein Wanderstab des Verstorbenen.

Hinweis
Besonders geeignet bei Wanderfreunden.

Lesungen
Ps 23: Sein Stock und sein Stab geben mir Zuversicht.
Lk 24,13–35: Die Emmausjünger erleben Jesus als Stütze.
(Siehe Messlektionar VII, S. 484; Die Begräbnisfeier, S. 268)
Joh 14,1–6: Ich bin der Weg.
(Siehe Messlektionar VII, S. 498; Die Begräbnisfeier, S. 281)

Ansprache
Diesen schönen Wanderstab hier hat der Verstorbene in Ehren gehalten. Wie viele Kilometer ist er mit Wanderfreunden damit unterwegs gewesen!?

Auch Ihre Ehe, Frau N.N., war wie eine Wanderung, bei der es nicht so sehr darauf ankam, sich verliebt anzuschauen, als vielmehr gemeinsam in dieselbe Richtung zu sehen.
So haben Sie Sonnenschein und Regen auf Ihrem Weg gespürt. *(Hier einige Ereignisse aufzählen)* Eigentlich ist der wichtigste Tag im Leben immer der heutige, der wichtigste Mensch immer der, dem wir gerade begegnen, und die wichtigste Tat immer, das Gute zu versuchen.
Dieser Wanderstab war auf steilen oder rutschigen Wegen auch eine Gehhilfe, ja ein Stützstab, der das Herz beim Aufstieg und die Knie beim Abstieg entlastete.
So ein Stützstab war und ist auch der Glaube an einen barmherzigen Gott. Da hieß es eben in Psalm 23: »Auch wenn ich gehe im finsteren Tal, ich fürchte kein Unheil; denn du bist bei mir, dein Stock und dein Stab, sie trösten mich« (Ps 23,4–5). Jetzt sind Sie, Frau N.N., in einer finsteren Schlucht angekommen. Da wünschen wir Ihnen diese Stütze von Gott her ganz besonders. Eine Hilfe sind auch Wanderfreunde, das heißt eine Gemeinschaft um uns herum. In die Gemeinschaft der Kirche haben unsere Eltern uns ja taufen lassen, damit wir nicht alleine die Wege des Glaubens gehen, sondern zusammen mit anderen. Schauen wir einmal um uns herum: Gerade in dieser Stunde ist diese Gemeinschaftserfahrung ungeheuer wichtig.
Im Evangelium hörten wir von den Emmausjüngern, die traurig und enttäuscht, ja im Innersten getroffen unterwegs sind – wie Sie jetzt. Als der Unbekannte in ihrer Mitte mitgeht, beginnt langsam ihr Herz wieder zu brennen. Dieser Jesus bietet sich jetzt auch an – im Wort, in seinem lebendigen Brot und in seiner Gegenwart, mitzugehen und mitzutragen. Dass Sie das spüren, das wünschen wir Ihnen und allen, die mit dem leeren Platz an ihrer Seite leben müssen – bis wir alle einmal in Emmaus ankommen und am ewigen Fest teilnehmen dürfen. Ja, auf den Kränzen am Sarg darf ruhig bei aller Trauer auch stehen: »Auf Wiedersehen!«

69. Der Hauch Gottes rettet uns
(Pfingsten)

Symbol

Auf der Urne oder in der Todesanzeige ist eine Feder zu sehen, die zu Boden schwebt.

Lesungen

Ez 37,12b–14: Ich hauche euch an, dann werdet ihr lebendig.
(Siehe Messlektionar VII, S. 430)
Joh 20,19–22: Er hauchte sie an: Empfangt den Heiligen Geist!

Ansprache

Liebe Trauernde! Sie haben für Ihren Verstorbenen das Motiv einer Feder auf der Urne ausgewählt. Wie eine Feder lautlos zu Boden fällt, so endet unser Leben. So hat es König David schon im Psalm 103 besungen: »Gott weiß, was wir für Gebilde sind, bedenkt, dass wir Staub sind. Wie Gras sind die Tage des Menschen, er blüht wie die Blume des Feldes. Fährt der Wind darüber, ist sie dahin; der Ort, wo sie stand, weiß nichts mehr von ihr« (Ps 103,13–16).
Wir kennen aber noch gut das Spiel mit einer Feder. Langsam schwebt sie nach unten, und es ist ein Leichtes, sie von unten anzupusten und wieder in die Höhe schweben zu lassen. Das ist vergleichbar mit dem Auf und Ab unseres Lebens und auch mit dem des Verstorbenen *(jetzt von seinen schönen und auch den weniger schönen Stunden erzählen).*
Wir fallen nicht ins Nichts. Der Prophet Ezechiel brachte uns darüber die gute Nachricht: Gott spricht: »Ich hauche euch an, dann werdet ihr lebendig!« Auch am Pfingstfest erwachten die Jünger aus ihrem Angstschlaf, als Jesus sie anhauchte und rief: »Empfangt den Heiligen Geist!« So fährt David im eben zitierten Psalm fort: »Doch die Huld des Herrn währt immer und ewig für alle, die ihn fürchten. Seine Gerechtigkeit erfahren noch Kinder und Enkel« (Ps 103,17).
So lasst uns voller Hoffnung über den Horizont dieser Welt schauen. Wir werden N. N. wiedersehen.

70. Er erbarmt sich von Geschlecht zu Geschlecht
(Mai / Maria)

Symbol/Vorbereitung
Eine geschnitzte Marienstatue (eventuell aus dem Haus der Verstorbenen).

Hinweis
Vor allem geeignet bei Menschen, die Maria als Gottesmutter besonders verehren.

Lesungen
1 Joh 3,14–16: Wer nicht liebt, bleibt im Tod.
(Siehe Messlektionar VII, S. 462; Die Begräbnisfeier, S. 232)
Mt 5,1–12a: Die Seligpreisungen.
(Siehe Messlektionar VII, S. 463; Die Begräbnisfeier, S. 252)
Lk 1,46–50: Er erbarmt sich von Geschlecht zu Geschlecht.

Ansprache
Sie haben, liebe Trauernde, auf die Vorderseite des Totenzettels ein Bild der Gottesmutter drucken lassen. Ich lese daraus eine besondere Verehrung Marias, in deren Leben es viel Leid und auch tiefe Trauer gab, besonders als sie ihren toten Sohn auf dem Schoß liegen hatte.
Hier vorne habe ich deshalb eine geschnitzte Marienstatue hingestellt, damit wir genauer hinsehen. Der Künstler hatte zunächst nur einen Holzklotz vor sich, dann fallen die Späne; bis langsam das Gestalt annimmt, was er im Geiste bereits im Holzklotz erblickt hat.
Bei jedem von uns müssen – wie bei Maria – Späne fallen, wenn der »Holzschnitzer Jesus Christus« mit seinen Werkzeugen näher rückt. Er hat diesen Prozess ja selbst durchgehalten, als der Vater ihm die Feigheit der Freunde und die Folter zumutete. Auch Maria hat nur im Vertrauen auf Gott das Ja wagen können für einen Weg, unter dem sie sich nichts vorstellen konnte.

So fielen auch bei N. N. die Späne. Die ganz persönliche Maserung dabei stört nicht. Aber ein solcher Prozess dauert und kann oft schmerzhaft sein. Wir dürfen uns jetzt dankbar der Schnitzarbeit Gottes an der Verstorbenen erinnern *(jetzt mehr die schwierigen Passagen im Leben benennen),* bis das daraus geformt war, was uns an ihr Freude schenkte und das wir jetzt ungern abgeben *(jetzt mehr die Höhepunkte ihres Lebens schildern).*
Auch eine Violine wird aus dem Holz geeigneter Bäume geschnitzt. Zum Schluss kann sie sagen: »Als ich noch in den Wäldern lebte, habe ich geschwiegen. Jetzt, da ich gestorben bin, singe ich!«
Maria stimmte solch einen Lobgesang an mit den Worten: »Meine Seele preist die Größe des Herrn, und mein Geist jubelt über Gott, meinen Retter. Denn auf die Niedrigkeit seiner Magd hat er geschaut ... Er erbarmt sich von Geschlecht zu Geschlecht über alle, die ihn fürchten« (Lk 1,47.48a.50).
Es wird noch etwas dauern, bis wir nach der Trauer auch in solch einen Lobgesang einstimmen können. Jetzt aber bitten wir um Gottes Erbarmen für die Verstorbene und für uns. Bis auch wir einmal, wie die Violine, sagen können: »Da ich gestorben bin, singe ich!«

71. Das ganze Leben ist Verwandlung
(Fronleichnam / Erntedank)

Symbol

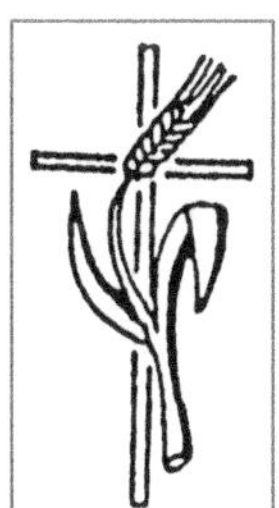

Es gibt verschiedene Darstellungen: eine oder mehrere Ähren (auch mit Kornblumen); eine Ähre hinter einem Kreuz, eine gebrochene Ähre.

Hinweis

Auch besonders geeignet bei Landwirten oder – mit kleinen Änderungen – bei Bäckern oder Menschen, die mit Backwaren zu tun haben, sowie Menschen, die einen besonderen Bezug zur Natur haben.

Lesungen

1 Joh 3,14–16: Wer nicht liebt, bleibt im Tod.

(Siehe Messlektionar VII, S. 462; Die Begräbnisfeier, S. 232)

Joh 12,24–26: Wenn das Weizenkorn nicht in die Erde fällt.

(Vgl. Messlektionar VII, S. 497; Die Begräbnisfeier, S. 280)

Ansprache

Sie sehen auf der Urne (und/oder dem Totenzettel oder der Traueranzeige) eine Ähre: Der Verstorbene war der Natur so nahe, weil er in seiner Freizeit oft in der Landwirtschaft beim Säen und Ernten geholfen hat. *(Oder:* Herr N. N. war von ganzem Herzen Landwirt./Herr N. N. war Bäcker.)

Ich darf mit diesem Symbol sein ganzes Leben einfangen, denn das ganze Leben ist Verwandlung. Ein Landwirt weiß um das Wunder, wenn er ein Weizenkorn der Erde anvertraut. Es ist ja nicht selbstverständlich, dass daraus eine Ähre wächst mit 50-, 70-, ja hundertfältiger Frucht. Darum ist ein Landwirt näher am Leben, näher am Glauben und Staunen.

Am Ende unseres Lebens werden wir einmal gefragt, ob sich in der Ähre unseres Lebens Körner entfaltet haben. Blieb die Ähre leer, ist nur leere Spreu gewachsen, dann wird die Spreu verbrannt und der Ort weiß nichts mehr von ihr. »Aber den Weizen«, so heißt es in der Bibel, »bringt in meine Scheune.« So danken wir dem Verstorbenen für all die Samenkörner, die aus ihm erwachsen sind *(wie viele Jahre verheiratet, Anzahl der Kinder und Enkel; Engagement in Vereinen; Eigenschaften, die uns erfreut haben …).* Das alles hat unser Miteinander bereichert. Und da, wo nur leere Spreu blieb, bitten wir um die Barmherzigkeit Gottes.

Ein Landwirt weiß, dass zum Leben das Sterben gehört. Aber es ist eigentlich kein Sterben, sondern ein Sich-Verwandeln. So müsste es auch im Evangelium heißen: »Wenn sich das Weizenkorn nicht verwandelt, bleibt es allein. Wenn es sich aber verwandelt, bringt es reiche Frucht.« Ein bisschen Sterben war schon seine Krankheit *(jetzt Krankheiten andeuten und alles, was uns im Leben ein Stück sterben lässt).* Aber schauen wir genau hin, wie oft ein Samenkorn sich verwandeln muss, um zum

Segen zu werden: Es verwandelt sich in eine Ähre; die Körner der Ähre sterben in der Mühle zu Mehl, und im Feuer des Ofens verwandeln sie sich in Brot. Für gläubige Menschen geht das Verwandeln noch weiter: Auf dem Altar wird das Brot zu einer Speise für die Seele – auf dem Weg ins eigentliche Leben.

Ich kenne einen Friedhof, da heißt die Straße, die zu ihm hinführt: »Zum Gottesacker«. Das sind gläubige Augen: Wir legen im Tod das Samenkorn, das vom Verstorbenen übrig geblieben ist, in den Acker Gottes und vertrauen Ihm, dass er den Verstorbenen verwandelt in einen erlösten und glücklichen Menschen.

So danken wir dem Verstorbenen für all seine Weizenkörner und beten für ihn, dass sie in den Scheunen Gottes mit ihm zum eigentlichen Leben auferstehen.

72. Im Sinnbild einer untergehenden Sonne
(Allerheiligen)

Symbol

Auf der Urne (bei Traueranzeigen, auf dem Totenzettel oder Sterbebildchen) ist eine untergehende Sonne zu sehen, die sich im Wasser spiegelt; manchmal ist noch ein Kreuz hinzugefügt oder zwei Menschen stehen in diesem Licht.

Lesungen

Ex 14,26–31: Wie die Israeliten aus dem Meer gerettet wurden, so auch wir in der Taufe, in der wir mit Christus gestorben und auferstanden sind.

Röm 6,3–4.8: Mit Christus gestorben, mit ihm leben.

(Vgl. Messlektionar VII, S. 446, 507; Die Begräbnisfeier, S. 217)

Mt 5,1–12a: Die Seligpreisungen, die sich in der ewigen Sonne Gottes erfüllen.

(Siehe Messlektionar VII, S. 463; Die Begräbnisfeier, S. 252)

Ansprache

Liebe Trauernde, Sie haben für die Urne (auf der Todesanzeige o. Ä.) ein Bild gewählt, auf dem sich eine untergehende Sonne im Wasser spiegelt. Ein beruhigender Blick, wenn nicht der Tod von N. N. uns bedrücken würde. Denn in der Verstorbenen ist jetzt die Sonne Ihrer kleinen Welt untergegangen.

Ich darf dieses Bild von der Sonne, die im Meer versinkt, jetzt aufgreifen und entfalten: Mit dem Blick aufs Wasser darf uns in den Sinn kommen, dass der Mensch dem Wasser gleicht: Zuerst wie eine quirlige Quelle; in der Jugendzeit sich mutig über Hindernisse hinwegsetzend, dann langsam Verantwortung übernehmend: Boote, ja Schiffe trägt es; Schmutziges und Giftiges muss es verkraften; Abgründe überwinden. So danken wir jetzt auch der Verstorbenen für all das, was sie in ihrem Leben getragen, verkraftet, überwunden hat *(einiges aufzählen)*. Jetzt, mit den Erfahrungen und Begegnungen eines ganzen Lebens, ist sie im Ozean Gottes gemündet.

Sie war aber von Anfang an nicht allein: Schon im Wasser der Taufe konnte sie die angebotene Hand Gottes ergreifen, der in seinem Sohn mit uns geht und tragen hilft. Die Taufe, so haben wir ja in der Lesung gehört, sehen die Kirchenväter als Abbild des Durchzugs durch das Rote Meer: Mit Christus sind wir in den Wassern versunken, in seiner Auferstehung gewissermaßen mit ihm den Fluten des Todes entkommen. Über alldem steht die Sonne. Und wenn wir die Sonne nach ihrem Untergehen im Ozean auch lange nicht mehr sehen: Sie strahlt auch auf der anderen Seite unserer Welt. Diese Herrlichkeit können wir erst erfahren, wenn wir auch diesen Weg gegangen sind. Das Wasser der Taufe war der Anfang des Lebens in der Gemeinschaft mit Christus und den Christen. Am Ende steht das gemeinsame Fest der Feste, bei dem wir uns alle wiedersehen.

Mit den Augen des Glaubens fällt es leichter, die Verstorbene loszulassen und dem zu überlassen, der auch uns einmal erwartet.

Besonders bei Kindern

Anregungen für eine kurze Abschiedsfeier in der Klassengemeinschaft

Vorschläge

Alle kommen nach vorne und stecken eine brennende Vigilkerze (oder ein Teelicht) um das Bild des Kindes in den Sand.
Oder sie legen einen weißen Stein oder eine bunte Murmel ab
oder einen Schmetterling,
oder sie hängen Bitten an ein Rosenbäumchen, das auf das Grab des Kindes gepflanzt wird,
oder sie legen Blumen um das Bild,
oder sie legen ein Weihrauchkorn auf eine glühende Kohle im Weihrauchfass (= die Verbundenheit mit der entschwundenen Seele oder sinnbildlich für die zu Gott aufsteigenden Gebete). Siehe auch das nachfolgende Beispiel.
Die Anzahl der Kinder und Jugendlichen sollte dabei begrenzt sein, weil – je nach Größe des Raumes – nicht alle Weihrauch vertragen.

Symbol

Eine feuerfeste Schale, in der zwei bis fünf glühende Kohlen liegen. Genügend Weihrauchkörner.

Lesung

Ps 141,2: Wie Weihrauch steige unser Gebet zu Gott empor.

Deutung

Der Weihrauch, der gleich aus den glühenden Kohlen aufsteigt, hat zweierlei Bedeutung:

1. Im Psalm 141 heißt es: Wie Weihrauch steige unser Gebet zu Gott empor. Wir haben es gerade gehört. Es ist also wie ein Gebet für N.N.

2. Weihrauch duftet und versetzt uns in eine Stimmung, in der wir offen werden für Grundlegendes, zum Beispiel für Dankbarkeit, Stille oder die Nähe Gottes.

Wer möchte, kann jetzt zum Weihrauchfass/zur Schale kommen, etwas Schönes, »Duftendes« aus dem Leben von N. erzählen oder etwas sagen, wofür er N. dankbar ist. Und wenn er oder sie dann ein paar Weihrauchkörner auf die glühende Kohlen legt, sei das wie ein Gebet für N., das aufsteigt.

Ein paar Beispiele:
Ich denke daran, dass N. N. mich nie übersehen hat, mir manchmal freundlich zugewinkt hat. Möge Gott ihn jetzt glücklich machen / für ihn den Himmel öffnen …
Ich danke dafür, dass N. immer so tolle Ideen hatte. Er war ein guter Freund.
Ich werde N. vermissen. Sie hat mir oft bei den Matheaufgaben geholfen. Ich konnte sie immer fragen, wenn ich etwas nicht wusste.
Es war immer toll, mit N. zu spielen. Und er war fast immer gut drauf.
(L. beginnt, geht ruhig zum Weihrauch und macht durch sein Beispiel den Vorgang deutlich)

73. Wie ein Engel, der Gott schaut

Symbol
Eine Engeldarstellung.

Lesungen
Jes 66,10–14: Wie eine Mutter ihren Sohn tröstet, so tröste ich euch.
Mt 18,10–14: Ihre Engel im Himmel sehen stets das Angesicht meines Vaters.
Mk 10,13–16: Er nahm die Kinder in seine Arme.

Ansprache

Sie haben, liebe Eltern, auf die Todesanzeige Ihres Kindes als Symbol einen Engel gesetzt. Das habe ich schon oft gesehen, auch auf Grabsteinen von Kindern. Es ist ja ein tröstlicher Gedanke, dass dieses Kind jetzt wie ein kleiner Engel das Angesicht Gottes für immer schauen darf. So hörten wir das im Evangelium von ihren Schutzengeln (Mt 18,10), und schon viele Kinder haben beim Sterben gesagt: »Ich sehe Engel.« Es ist tröstlich, sich vorzustellen, dass ein Engel das Kind abholt, ihm die Angst nimmt und ein sicherer Wegbegleiter ist ins Reich des Lichtes.
Auch die Vorstellung von Antoine de Saint-Exupéry tröstet:

> Wenn du bei Nacht den Himmel anschaust,
> so ist es dir, als leuchteten tausend Sterne,
> weil ich auf einem von ihnen wohne;
> weil ich auf einem von ihnen lache.

Betroffene Eltern drücken das in ihren Texten oft ähnlich aus, sehen sogar in ihrem Kind den Engel. Da lese ich:

> Es war ein Engel auf der Reise.
> Er wollte nur ganz kurz bei euch sein.
> Warum er ging, weiß Gott allein.
> Ein Hauch nur bleibt von ihm zurück,
> in eurem Herzen ein großes Stück.
> Er wird jetzt immer bei euch sein.
> Vergesst ihn nicht, er war so klein.
> Geht nun ein Wind am milden Tag,
> so denkt, es war sein Flügelschlag.
> Und wenn ihr fragt, wo mag er sein?:
> Ein Engel ist niemals allein!
>
> Er kann jetzt alle Farben sehn
> und barfuß durch die Wolken gehn.
> Und wenn ihr ihn ganz doll vermisst
> und weint, weil er nicht bei euch ist,
> so denkt, im Himmel,

wo's ihn nun gibt, erzählt er stolz:
Ich werd' geliebt!
DAPHNE

Das Bild eines weinenden Engels am Grab soll vielleicht auch ausdrücken: »Gott weint mit.« In seinem Sohn weicht er dem Schmerz und der Trauer nicht aus. Dieser Gott wird abwischen alle Tränen von unseren Augen (Offb 21,4), denn unsere Traurigkeit soll in Freude verwandelt werden (Joh 16,20): Er nimmt sie in seine Arme (Mk 10,16a). *(Jetzt kann noch Tröstliches gesagt werden.)*
Wichtig ist, dass alle über ein Ritual Abschied nehmen können: Beispiele siehe Seite 131.

Ähnlich kann auch die Begräbnisfeier für ein ungeborenes Kind gestaltet werden.

74. Der kleine und der große Stern

Symbol
Ein Stern oder mehrere Sterne auf der Urne oder dem Sarg.

Hinweis
Besonders geeignet in der Advents- und Weihnachtszeit.

Lesungen
Offb 1,14–18: In seiner Rechten hielt er sieben Sterne; sein Gesicht leuchtete wie die machtvoll strahlende Sonne.
Joh 8,12: Ich bin das Licht der Welt.

Ansprache
Manchmal heißt es in Todesanzeigen: »Menschen, die man liebt, sind wie Sterne: Sie können funkeln und leuchten noch lange nach ihrem Erlöschen.« Der Dichter Antoine de Saint-Exupéry schrieb in weiser

Vorahnung: »Wenn du bei Nacht den Himmel anschaust, wird es dir sein, als lachten die Sterne, weil ich auf einem von ihnen wohne, weil ich auf einem von ihnen lache …«
Ja, N. war ein Stern, der funkelte und Licht in Ihre Welt brachte. Wir alle haben uns an ihm erfreut *(Beispiele erzählen)*.
Dann aber zogen Wolken vor den Stern. Immer wieder funkelte er dazwischen auf, aber da waren eben auch die Wolken *(Näheres erwähnen)*.
Wenn wir nach oben schauen, um den kleinen Stern nicht aus den Augen zu verlieren, dann wollen wir auch den Stern ins Auge fassen, der Licht in unsere manchmal so dunkle Welt gebracht hat: das Licht, das an Weihnachten als Kind in der Krippe liegt. Wenn wir in N. einen kleinen Stern verlieren, dann mag es manchmal lange dauern, bis der Stern in der Krippe uns trösten kann. Erinnern wir uns: Die Weisen aus dem Morgenland brachen auf, und erst nach einer *langen* Reise, während der sie auch zeitweise den Stern nicht mehr sahen, konnten sie niederknien und anbeten.
So wünschen wir auch Ihnen, dass dieser Jesus-Stern Ihnen bald wieder ein Licht aussendet, das Sie tröstet und stärkt. Und wir beten, dass der kleine Stern jetzt ins Licht des großen Sterns eintaucht.

75. Von Gott getragen

Symbol

Gemaltes Motiv von kleinen Fußabdrücken auf dem Sarg oder der Urne oder ein Paar Schuhe des verstorbenen Kindes.

Lesungen

Jes 66,10–14: Wie eine Mutter ihren Sohn tröstet, so tröste ich euch.
Mk 10,13–16: Er nahm die Kinder in seine Arme.

Ansprache

(L. zeigt die Fußabdrücke:) Diese beiden Fußabdrücke mögen uns an die Füße von N. erinnern und an all die Wege, die er/sie in seinem kurzen

Leben gegangen oder gelaufen ist. Wie viele Schritte haben wir mit Freude betrachtet *(jetzt aufzählen, was an Schönem zu beobachten war).* Manche Schritte haben uns Sorgen bereitet *(jetzt kurz erwähnen, was manchmal mühsam oder bedenklich war).* Sonne schien auf seinen/ihren Weg *(positive Ereignisse nennen),* aber auch Regen verschonte das Kind nicht *(Negatives andeuten).*

Es gibt eine Geschichte von Margret Fishback Powers, die gerne bei Taufen und auch bei Trauungen vorgelesen wird – ja und jetzt möchte ich sie Ihnen bei dieser Trauerfeier näherbringen. In der Geschichte spielen *(L. zeigt wieder die Fußabdrücke)* Fußabdrücke eine Rolle. Sie erzählt von einem Traum, in dem ein Mensch mit Jesus an seiner Seite an einem Strand entlangspaziert. Bei allem, woran er sich aus seinem Leben entsinnt, bemerkt er immer zwei Paar Fußabdrücke im Sand, seine und die von Jesus. Aber dann erinnert er sich an Momente, die schlimm waren, wo er Tränen in den Augen hatte und nicht mehr weiterwusste. Und als er sich umschaut, da sieht er nur *ein* Paar Fußabdrücke im Sand. Er wundert sich und fragt Jesus vorwurfsvoll: Du hast mir versprochen, immer mit mir zu gehen. Doch als es bei mir ganz schwierig wurde, hast du mich allein gelassen. Darauf antwortet Jesus: Mein lieber Freund. Was ich verspreche, halte ich auch. Da, wo es dir ganz dreckig ging, wo es so eng wurde, wo dir angst und bange war, da, wo du nur das *eine* Paar Fußabdrücke gesehen hast, das waren die Zeiten, in denen ich dich getragen habe!

Jetzt können Sie, liebe Eltern, den Kopf schütteln und sagen, das hat sich jemand nur schön ausgedacht. Es gehört – zugegeben – ganz viel Glauben und Vertrauen dazu, diese Geschichte so zu sehen, wie sie gemeint ist. Aber unser Glaube gibt das her: Weil Gott im brennenden Dornbusch seinen Namen verrät: »Ich bin der, der überall für euch da ist!«, oder Jesus beim Abschied seinen Jüngern sagt: »Denkt daran, ich bin bei euch alle Tage – bis ans Ende der Welt!«

Darum kann das, was wir eben im Evangelium gehört haben, bei all unseren verzweifelten Fragen ein wirklicher Trost sein: Jesus nahm die Kinder in seine Arme! – So vertrauen wir darauf, dass Jesus Ihr Kind jetzt ins eigentliche Leben trägt.

76. Auf der anderen Seite des Regenbogens

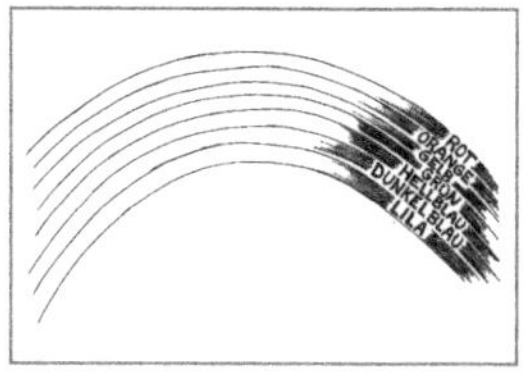

Symbol/Vorbereitung

Foto der/des Verstorbenen.
Eine Vigilkerze für jeden. Eine Schale mit Sand. Auf bunten Tüchern eine größere Kerze, die brennt. Eventuell für jeden ein Prisma (= geschliffene Glaskugel, wie sie zum Beispiel in Spielwarenläden oder auf Weihnachtsmärkten zu erhalten ist). Ins Fenster gehängt und von der Sonne angestrahlt, erscheinen kleine Regenbögen an der Wand. Wenn Letzteres nicht geht, einen bunten Regenbogen um die brennende Kerze legen.

Hinweis

Trauerfeier mit den Mitschülerinnen und Mitschülern.

Lesungen

Jes 66,10–14: Wie eine Mutter ihren Sohn tröstet, so tröste ich euch.
Lk 7,11–15: Jesus sagte: Ich befehle dir, steh auf!
(Vgl. Messlektionar VII, S. 477; Die Begräbnisfeier, S. 263)

Ansprache

Viele von uns mussten schon Abschied nehmen: Wenn sie eine Klasse wiederholten; wenn sie den Wohnort wechselten; wenn sie ein Tier begraben haben. Ganz schlimm ist, wenn ein Mensch, den wir lieben, stirbt. – Was hilft, wenn wir so ganz traurig sind?
In einer Geschichte macht sich einer auf den Weg und fragt schließlich eine weise Frau. Und die antwortet: »Erstens, wenn du traurig bist, weine!« Wir dürfen also weinen und traurig sein, auch noch morgen und immer. *(Eventuell entsprechende Musik einspielen)*
»Zweitens«, sagte die weise Frau, »gib deinem verstorbenen Freund einen Platz in deinem Herzen!« Ich habe hier ein Bild von N., das mir seine Eltern gegeben haben. Ich stelle es an die Kerze. Ihr könnt an ihr eure Kerze entzünden und sie dann in die Schale mit Sand stecken. Wenn wir

das tun, denken wir ganz fest an N. *(Auch hier kann wieder ruhige Musik eingespielt werden)*
»Und drittens«, sagte die weise Frau, »erzähle jemandem, den du lieb hast, von deinem Kummer!« (nach Monika Weitze)

Es ist wichtig, dass wir von N. sprechen; das löst die Versteinerungen im Herzen, die entstehen, wenn wir die Trauer und die Erinnerung nur herunterschlucken. Weitererzählen löst und befreit, auch wenn uns dabei Tränen über die Wangen laufen.
(Hier können die Kinder von N. erzählen und sich Begegnungen in Erinnerung rufen. – Wieder ruhige Musik)

Ich möchte jetzt eine Stelle aus der Heiligen Schrift vorlesen, denn wir brauchen nicht hoffnungslos zu weinen.

Lesung
auswählen unter den Texten, die oben angegeben sind.

Weiterführung
Ich gebe euch ein Andenken an diese Stunde mit: ein Prisma, eine geschliffene Glaskugel wie diese hier *(L. zeigt sie)*. Wenn ihr sie in euer Fenster hängt und die Sonne sie anstrahlt, dann wirft sie kleine Regenbögen an die Wand. Und jedes Mal, vor allem in der nächsten Zeit, denken wir dabei an N.

Alternativ (wenn keine Prismen ausgeteilt werden):
Ihr seht den Regenbogen um die Kerze. Da, wo er die Erde berührt, sind wir jetzt. N. ist in die andere Welt gegangen, die auf der anderen Seite des Weges liegt. Diese Welt können unsere Augen erst sehen, wenn sie gebrochen sind. N. ist jetzt schon auf der anderen Seite des Regenbogens. Und da werden wir ihn wiedersehen. Den Mut, das zu behaupten, gibt mir Jesus. Ihr habt ja eben gehört, dass er sagt: »Komm, steh aus dem Tod auf und lebe!« *(oder:* Er tröstet uns, er nimmt den Verstorbenen in den Arm wie eine liebende Mutter ihr Kind. Jesus hat uns gesagt:

Mein Vater ist barmherzig. Und auf diese offenen Arme des Vaters im Gleichnis vom verlorenen Sohn hat Jesus sich festnageln lassen.)
Wir brauchen also nicht unendlich lang zu weinen. Wir freuen uns, N. einmal an der anderen Seite des Regenbogens wiederzusehen.

VERÄNDERT NACH EINER IDEE VON GABY LANGE, EINE BRÜCKE ZWISCHEN HIER UND DORT, AUS: URSULA SCHAUBER (HG.), KEIN SONNENSTRAHL LÄSST SICH UMKLAMMERN, SCHWABENVERLAG, OSTFILDERN 2006, S. 46–49

77. Du warst unsere ganze Liebe

Symbol

Eine Urne, die als Herz gestaltet ist oder mit einem Herzmotiv.

Lesungen

Offb 21,3–5: Gott wird alle Tränen abwischen und alles neu machen.
(Vgl. Messlektionar VII, S. 441; Die Begräbnisfeier, S. 237)
Bei einem Mädchen: Mk 5,35–42: Ich sage dir, steh auf!
(Vgl. Messlektionar VII, S. 470)
Bei einem Jungen: Lk 7,11–17: Ich befehle dir, steh auf!
(Siehe Messlektionar VII, S. 477; Die Begräbnisfeier, S. 263)

Ansprache

Sie haben Ihre ganze Liebe in die Urne gelegt: Sie ist zum Herz geworden. Und darin ist das, was Ihnen, liebe Eltern, regelrecht aus dem Herzen gerissen wurde.
Sie haben Ihr Herz an N. verloren und dürfen jetzt noch einmal an all die Küsse, das Streicheln, das Schmusen und die Herzlichkeiten denken, auch an all die Sorgen, als Sie sich die Zukunft mit Ihrem Kind ausgemalt haben. Wie oft hat N. Ihnen und anderen schon Herzen gemalt als ahnender Beginn, dass die Liebe das Wichtigste ist.
Aber es blieb nicht so. Wir kennen das Bild *vom Pfeil, der das Herz durchdringt*. Ging es gut, dann war es das Glück; ging es nicht gut, dann ging der Liebeskummer durch Mark und Bein. Jetzt trauern Sie um Ihr

Kind, und keiner kann ermessen, wie der Pfeil in der Seele schmerzt, wenn Sie zurückdenken *(hier schöne Erlebnisse mit dem Kind anklingen lassen)*.

Doch wir sind hier, um Ausschau zu halten, ob es ein Licht am Ende des dunklen Tunnels gibt oder eine Liebe, die dieses Leid überstehen kann: Da darf ich Sie an den verweisen, der uns ein geöffnetes Herz entgegenhält. Sicher kennen Sie Darstellungen von Jesus Christus am Kreuz, dem mit einer Lanze brutal das Herz durchstoßen wurde. Jesus ist aus Liebe zu uns nicht vor dem Leid davongelaufen. Darum sind seine Worte, die wir eben gehört haben, nicht in den Wind gesprochen. Er sagte zu dem Jungen/dem Mädchen: Ich sage dir, ja, ich befehle dir, steh auf – und er gab das Kind den Eltern zurück. Er wird es auch Ihnen einmal zurückgeben, darauf hoffen wir zuversichtlich, aber die Spanne bis dahin ist schmerzlich. Wir überstehen sie besser im Vertrauen auf Gott, als voller Verzweiflung gegen die Wand des Todes zu laufen.

Wir alle sind hier, um Ihren Schmerz zu lindern. Sie sehen, wie viele Ihnen ihre Anteilnahme zeigen *(Genaueres: Kinder haben gemalt; aus Kondolenzen zitieren; Kerzen, die in den Häusern brennen, in Klassen oder Kitas …)*.

Eigentlich wissen wir nicht, was wir in diesen Stunden und Tagen sagen und tun sollen, aber unsere Augen richten wir auf Gott und bitten ihn, Ihnen und uns zu helfen, mit diesem Verlust weiterzuleben, und uns Mut zu geben, über den Horizont unserer kleinen sichtbaren Welt hinauszuschauen und fest darauf zu vertrauen, dass wir N. einmal wiedersehen.

Anhang

1. Einleitungen für Trauergottesdienste

1.

Menschen, die aus der Hoffnung leben, sehen weiter als bis zum Tod. Menschen, die aus der Liebe leben, sehen tiefer als bis zur Trennung. Menschen, die aus dem Glauben leben, sehen alles im Glanz des ewigen Lichtes.

FREI NACH LOTHAR ZENETTI

2.

Unsere Welt Durchgangsstation:
Menschen kommen und gehen.
– Herr, erbarme dich!
Unsere Welt Bewährungszeit:
Schmerz und Hoffnung, Heimat und Fremde, Versagen und Liebe.
– Christus, erbarme dich!
Unsere Welt Betätigungsfeld:
Zu viel Gewalt – zu wenig Vertrauen,
ein wenig Friede – zu viel Hunger nach Liebe.
– Herr, erbarme dich!

3.

Was wir bergen in den Särgen, ist der Erde Kleid.
Was wir lieben, ist geblieben, bleibt in Ewigkeit.

4.

Ich glaube an die Sonne, auch wenn sie nicht scheint.
Ich glaube an die Liebe, auch wenn ich sie nicht spüre.
Ich glaube an Gott, auch wenn ich ihn nicht sehe.
Ich glaube – seit der Auferstehung Christi – daran,
dass es keine Toten gibt:
Es gibt nur Lebende – hier und in der anderen Welt,
die wir erst sehen, wenn unsere Augen gebrochen sind.

5.

Greifen und festhalten können wir seit der Geburt.
Teilen und schenken mussten wir lernen.
Jetzt müssen wir das Loslassen üben.

KYRILLA SPIECKER

6.

Auf die Frage des Spiegel
von Emnid ermittelt
ob es ein Leben
nach dem Tode gibt
sind von hundert Befragten
achtundvierzig dafür und
achtundvierzig dagegen.

Und wer entscheidet?

LOTHAR ZENETTI

7.

Es ist richtig: Es gibt Menschen, die nicht mehr an die Sonne glauben können, wenn es einmal Nacht wird. Vielleicht fehlt ihnen die Geduld zu warten, bis der Morgen kommt.

NACH PHIL BOSMANS

8.

Der Schweizer Dichter Max Frisch begann seine Trauerrede für einen verstorbenen Freund mit dem Satz: »Unser Freundeskreis unter den Toten wird größer …
Inzwischen hat der Verstorbene eine Erfahrung gemacht, die mir erst noch bevorsteht und die sich nicht vermitteln lässt – es geschehe denn durch eine Erfahrung im Glauben.«
Wir sind hier, um auch darüber nachzudenken …

9.

Die Zeit, Gott zu suchen, ist unser Leben.
Die Zeit, Gott zu finden, ist der Tod.
Die Zeit, Gott zu besitzen, ist die Ewigkeit.

FRANZ VON SALES

10.

Auf einem Grabstein in der Normandie (Abtei zu Mondaye) steht:
Wanderer, der du das liest, wisse:
Der hier liegt, hat nicht aufgehört zu leben,
sondern aufgehört zu sterben.

11.

Im Roman »Herbstmilch« sagt die ca. 8-jährige Anna beim Anblick der toten Mutter: »Warum hat die Mama Schuhe an?« Und die Tante gibt die Antwort: »Sie muss über Dornen zum Himmel gehen.«

12.

Menschen, die man liebt, sind wie Sterne:
Sie können funkeln und leuchten noch lange nach ihrem Erlöschen. –
Glaubende Menschen dürfen sogar an mehr denken. Sie können sagen:
Sie sind uns nur vorausgegangen in das Licht der ewigen Sonne.

13.

Mitten im Leben sind wir vom Tod umfangen.
Wer ist's, der uns Hilfe bringt, dass wir Gnad erlangen?
Dazu reicht auch die Kunst der Ärzte nicht.
Das kannst du, Herr, alleine!
Darum, barmherziger Heiland:
Lass uns nicht versinken in des bitteren Todes Not! –
Herr, erbarme dich! …

14.

Sind wir nicht unterwegs mit Heimweh im Gepäck?
Wohin denn sollten wir gehen, wenn nicht nach Hause zurück!?

NACH ANNE STEINWART

15.

Auferstehung ist unser Glaube.
Wiedersehen unsere Hoffnung.
Gedenken unsere Liebe.

AUGUSTINUS

16.

Sterben heißt: Gott nimmt mich von einer Hand in die andere.

ULRICH FISCHER (EHEMALIGER LANDESBISCHOF VON BADEN)

17.

Unser Leben ist, aufs Ganze gesehen, unendlich verkürzt, weil viele den Glauben an ein Leben nach dem Tod verloren haben.

ARTHUR E. IMHOF

18.

Im Lied »Der Mond ist aufgegangen« von Matthias Claudius heißt es:
»Seht ihr den Mond dort stehen?
Er ist nur halb zu sehen und ist doch rund und schön:
So sind wohl manche Sachen, die wir getrost belachen,
weil unsere Augen sie nicht seh'n.«
So lachen auch viele, wenn wir jetzt von Auferstehung sprechen. Aber für Glaubende sind die Verstorbenen doch nur am Ende des Weges angelangt.

19.

Ist es so, wie Reinhard Mey es einmal besingt?:
»Allein, wir sind allein.
Wir kommen und wir gehen ganz allein.
Wir mögen noch so sehr geliebt, von Zuneigung umgeben sein:
Die Kreuzwege des Lebens gehen wir immer ganz allein.«
Der glaubende Mensch sieht tiefer: Wir sind nie allein! Einer geht mit in guten und in bösen Tagen. Ihm vertrauen wir uns jetzt an.

20.

Wieso weinen Sterbende nie?

21.

Freude und Trauer sind Schwestern. Sie wohnen im selben Haus.
Mitten in der Trauer ist auch noch Platz für die Freude.
MACRINA WIEDERKEHR

Das zu verstehen gelingt aber nur dem, der über den Horizont dieser Welt hinausschaut …

22.

Auf einer Sonnenuhr steht:
Der Zeiger geht mit leisem Tritt,
kein Bitten hemmet seinen Schritt.
Wann macht er wohl den letzten Gang? –
Bestell dein Haus und frag nicht lang!

23.

Gott ruft immer ins Leben:
Ob wir geboren werden
oder ob wir sterben.

2. Hilfreiche Texte für Trauergottesdienst und Predigt

1.

Aus einem Roman: Der Sohn zum Pfarrer: »Wir wissen beide, dass meine Mutter keine fromme Kirchgängerin war. Sie war nicht einmal sehr religiös. Sie konnte nie recht an die Auferstehung und ein Leben nach dem Tod glauben. Ich bin nicht einmal sicher, dass sie an Gott glaubte.« Die Antwort des Pfarrers: »Ich würde mir nicht allzu viele Sorgen darüber machen. Vielleicht hat sie nicht an Gott geglaubt, aber ich bin ziemlich sicher, dass Gott *an sie* geglaubt hat!«

2.

Sie kennen vielleicht den Film »E.T.«
Zum Abschied sagt E.T.: »Ich werde immer bei dir sein.« (Ungefähr die letzten Worte Jesu!)
»Die Fahrräder hoben ab in den Himmel« (In der Liebe wird Unmögliches wahr!)
Bei der Liebeserklärung (»Ich liebe dich!«) wurde E. T. wieder lebendig. Da lebten Blumen wieder auf; das Innere von E. T. leuchtete auf, was sagen will: Die Liebe ist stärker als der Tod! (Die Ärzte konnten ihn mit all ihren Künsten nicht retten.)

3.

Unser Leben ist wie eine Vorschule auf das spätere Leben bei Gott. Vorschule, das heißt: Vorübung. Wir lernen immer ein bisschen mehr dazu, bis wir es bei Gott richtig wissen.

4.

Das Leben gleicht einem Buche:
Toren durchblättern es flüchtig;
der Weise liest es mit Bedacht –,
weil er weiß, dass er es nur einmal lesen kann!

5.

Es gibt den traurigen Irrtum vieler Menschen, zu glauben, dass diejenigen, die der Tod wegnimmt, uns verlassen. Aber sie bleiben – wo? Im Schatten? Nein, *wir* leben im Schatten. Sie hingegen sind neben uns an unserer Seite, wie unter einem Tarnschleier; gegenwärtiger denn je. Wir sehen sie nicht, weil die dunkle Wolke uns einhüllt. Sie aber sehen uns. Sie richten ihre Augen voller Glanz auf unsere Augen voller Tränen.
Für Gläubige ein unaussprechlicher Trost: Die Verstorbenen sind uns unsichtbar nahe – nicht abwesend.

WURDE VON EINER ANGEHÖRIGEN ZUM VORLESEN BEI DER BEERDIGUNG ÜBERGEBEN

6.

Tod ist überhaupt nichts.
Ich bin nur in den nächsten Raum geschlüpft …
Was immer wir füreinander waren, wir sind es noch.
Rufe mich bei meinem altvertrauten Namen.
Sprich zu mir in der einfachen Weise, wie du es immer tatest.
Mache keinen Unterschied in deinem Ton,
setze keine gezwungene Feierlichkeit oder Trauer auf.
Lache, wie wir immer über die kleinen Späße lachten, die uns gefielen.
Spiele, lächle, denke an mich, bete für mich!
Lass meinen Namen immer das Wort sein, das es immer war!
Lass ihn ohne Effekt gesprochen werden,
ohne die Spur eines Schattens auf ihm …!
Warum sollte ich aus dem Sinn sein,
nur weil ich aus den Augen bin?
Ich warte für eine Weile auf dich,
irgendwo sehr nahe – grad um die Ecke.
Alles ist gut.

HENRY SCOTT HOLLAND, 1847–1918

7.

Ich bin in das Zimmer nebenan gegangen.
Das, was ich für euch war, bin ich immer noch.
Gebt mir den Namen, den ihr mir gegeben habt.
Sprecht mit mir, wie ihr es immer getan habt.
Gebraucht nie eine andere Redeweise,
seid nicht feierlich oder traurig.
Lacht weiter über das, worüber wir gemeinsam gelacht haben!
Betet, lacht, denkt an mich!
Warum soll ich nicht mehr in euren Gedanken sein,
nur weil ich nicht mehr in eurem Blickfeld bin?
Ich bin nicht weit weg.
Ich bin nur auf der anderen Seite des Weges.

CHARLES PÉGUY

8.

Wenn wir gewusst hätten,
wie sehr du uns fehlen würdest,
hätten wir dir noch öfter gesagt, wie sehr wir dich brauchen.
Wenn wir geahnt hätten, wie traurig wir sein würden,
hätten wir noch mehr zusammen gelacht.

Wenn uns jemand gesagt hätte,
wie viele Fragen offenbleiben würden,
hätten wir noch mehr von uns erzählt.

Wenn uns klar gewesen wäre,
wie kurz du mit uns zusammen sein würdest,
hätten wir die Zeit noch besser genutzt.
Jetzt überlassen wir dich den Händen Gottes
und wissen dich uns weiter ganz nahe.
Und vielleicht lernen wir für die Zukunft?!

9.

Gedanken zu pflegenden Angehörigen:
Die Kranken werden besucht und bedauert. Für sie wird gebetet. Und zu Recht. Doch wer hat ein Wort der Ermutigung für die Schwiegertochter, die seit Jahren schon die verwirrte Oma zu Hause pflegt? Füttern und baden und trockenlegen rund um die Uhr!
Wer fragt nach der Mutter eines psychotischen Sohnes, die hilflos und ohnmächtig zuschauen muss, wie der nächste Schub sich ankündigt?
Wer schenkt der Frau eines krebskranken Mannes einen freien Nachmittag, dass sie mal rauskommt und andere Tapeten sieht?
Wer bringt der sechzigjährigen Tochter einen Blumenstrauß, die auf Ehe und Beruf und Kontakte verzichtet hat, um die jüngeren Geschwister großzuziehen und jetzt die alte Mutter zu pflegen ...?
Sie tun ihren Dienst selbstverständlich und gern. Jedenfalls zu Anfang. Aber wenn daraus Monate und Jahre werden, das zehrt an den Kräften. Da kann Liebe leicht umschlagen in Hass. Nicht jeder Kranke ist pflegeleicht. Und die Schwester von der Sozialstation kommt nur für eine halbe Stunde. Der »Lohn im Himmel« ist gut und schön. Doch es gibt auch ein Leben »vor dem Tod«.
Auch pflegende Angehörige haben Menschenrechte.

10.

Vierunddreißig Jahre hat sie bekommen –
der Mann im Nachbarhaus, gelähmt, zweiundachtzig.
Er betet seit Jahren um seinen Tod.
Vierunddreißig Jahre im Ganzen für sie,
davon zwölf mit mir,
davon zehn mit den Kindern,
davon zwei mit dem Tod.

Keine Faser, die nicht ihre Nähe beschwört.
Ins Gedächtnis geätzt ihr verzweifelter, ihr sich entfernender Blick;
ihr Kuss für die ratlosen Kinder.

Dein Maßstab tötet mich fast.

Ich weiß nicht, warum du »Vater« heißt.
Ob dein Himmel ihre Liebe birgt, wenn meine Kinder fragen?
Ich weiß nicht, warum ich bitten soll: »Gib ihr die ewige Ruhe!«
Sie wollte mit uns noch vieles er-leben.

Ich weiß nicht, ob ihre Hände, in meine vergraben,
zuletzt deinen Willen erfassten.
Ich weiß nicht, warum ich plötzlich an Ostern denke.

Der da auferstand, war 33.

QUELLE UNBEKANNT

11.

Der Schauspieler Ernst Ginsberg, gelähmt und im Angesicht des Todes mit sich und der Welt ringend, schrieb 1964 die folgenden Gebetsverse:
Ich falte die Hände,
die lahmen / im Geist /
und bete ins Dunkel /
dass es / zerreißt.

12.

Der Schriftsteller Julien Green († 2000) stellt in seinem Tagebuch u. a. diese zwei Fragen:
»Wer bin ich?«
»Was bleibt mir von meinem Leben?«
Seine Antwort lautet: »Nichts. Gar nichts! Also muss ich Gott bitten, dass er aus diesem Nichts etwas macht. Dass sein Erbarmen die drückende Last der Sünden (und Unterlassungen) von der Waage seiner Gerechtigkeit nehme.«

AUS »DIE ANREGUNG« 4/95, S. 156

13.

Wir nehmen Abschied mit irischen Segenswünschen:

Mögen sich jetzt die Orte der Dunkelheit
in Stätten des Lichtes verwandeln.
Möge dein Engel dich in die jenseitige Welt geleiten
und dich keine Umwege führen müssen.
Mögen alle, die auf dem Weg zum Himmel vorausgegangen sind,
dir jetzt gute Wegweiser sein.
Wenn deine Schuhe auf dem letzten Weg löchrig werden,
denke daran, dass man auch barfuß ins Paradies gelangen kann.
Möge dir Gott freundlich entgegenkommen,
wenn du den schwarzen Fluss des Todes überquert hast.
Möge der Weg dich stets aufwärts führen,
bis du ins helle Licht des liebenden Gottes eintauchen darfst.

3. Spruchweisheiten für Anzeigen oder Sterbebildchen

1.

Christus ist das Leben.
Darum ist in seinem Reich kein Platz für den Tod.

THOMAS VON AQUIN

2.

Gott ist nicht gekommen, das Leid zu beseitigen;
er ist nicht gekommen, es zu erklären;
sondern er ist gekommen, es mit seiner Gegenwart zu erfüllen.

PAUL CLAUDEL

3.

Ich komme, weiß wohl, woher.
Ich geh, weiß wohl, wohin.
Mich wundert, dass ich traurig bin.

MARTIN LUTHER

4.

Das Auge sieht nur den Sand,
das Herz das Ende der Wüste.

ARABISCHES SPRICHWORT

5.

Spiel dein Spiel und wehr dich nicht,
lass es still geschehen!
Lass vom Winde, der dich bricht,
dich nach Hause wehen!

HERMANN HESSE

6.

Das einzig Wichtige im Leben sind die Spuren der Liebe,
die wir hinterlassen, wenn wir weggehen.

ALBERT SCHWEITZER

7.

Erinnerungen sind kleine Sterne,
die tröstend in das Dunkel unserer Trauer leuchten.

Wenn du bei Nacht den Himmel anschaust,
wird es dir sein, als lachten alle Sterne,
weil ich auf einem von ihnen wohne,
weil ich auf einem von ihnen lache.
Du allein wirst Sterne haben, die lachen können!
– Und er lachte wieder.

ANTOINE DE SAINT-EXUPÉRY

8.

Unsere Toten gehören zu den Unsichtbaren,
nicht zu den Abwesenden.

PAPST JOHANNES XXIII.

9.

Die Blätter fallen, fallen wie von weit,
als welkten in den Himmeln ferne Gärten;
sie fallen mit verneinender Gebärde.
Und in den Nächten fällt die schwere Erde
aus allen Sternen in die Einsamkeit.
Wir alle fallen. Diese Hand da fällt.
Und sieh dir andre an: es ist in allen.
Und doch ist Einer, welcher dieses Fallen
unendlich sanft in seinen Händen hält.

RAINER MARIA RILKE

10.

Du musst durch die Nacht wandern,
wenn du die Morgenröte sehen willst.

KHALIL GIBRAN

11.

Diese Welt ist nur eine Brücke.
Gehe darüber,
aber baue nicht dein Haus darauf.

AUS INDIEN

12.

Der Glaube ist der Vogel, der singt,
wenn die Nacht noch dunkel ist.

AUS CHINA

13.

Was bedeutet mir der Schiffbruch,
wenn Gott der Ozean ist?

JEAN-BAPTISTE-HENRI LACORDAIRE

14.

Mit dir, Herr, ist das Sterben kein dunkles Tor.
Das Tor steht offen. Der Durchgang führt ins Licht.
In der Stadt der goldenen Gassen werde ich zu Hause sein.
Und aus dem Brunnen des Lebens will ich deine Gnade schöpfen.

NACH FRIEDRICH HAARHAUS

15.

Sterben ist kein ewiges Getrennt-Werden.
Es gibt ein Wiedersehen an einem helleren Tag.

KARDINAL MICHAEL VON FAULHABER

16.

Wir werden eines Tages wissen,
dass der Tod uns nie rauben kann,
was unsere Seele gewonnen hat;
denn ihr Gewinn ist eins mit ihr selbst.

TAGORE

17.

Unruhig ist unser Herz, bis es ruht in dir, o Gott.

AUGUSTINUS

18.

Das Geheimnis der Liebe ist größer
als das Geheimnis des Todes.

SR. MARCELLA

19.

Der Tod ist nie das Ende der Reise,
sondern stets Aufbruch ins Licht.

20.

Einmal wandelt sich alles Dunkle ins Licht,
alle Trauer in Freude,
alles Leid in Seligkeit,
alle Zeit in Ewigkeit.

21.

Unsere Toten sind nicht abwesend, sondern nur unsichtbar;
sie schauen mit ihren Augen voller Licht
in unsere Augen voller Trauer.

AUGUSTINUS

22.

Unsere Toten leben in der Grenzenlosigkeit Gottes.
Durch ihr Schweigen sind sie uns näher
als durch laute Worte der Liebe.
Wir leben ein sterbendes Leben –
sie das ewige Leben, das keinen Tod kennt.

KARL RAHNER

23.

Ich bin überzeugt von einem Weiterleben nach dem Tode.
Da in der Welt keine Materie verloren geht,
muss die Seele als Beherrscherin der Materie unsterblich sein.

WERNHER VON BRAUN

24.

Der Tod kann dem Leben Grenzen setzen,
aber niemals der Liebe.

IRMGARD ECATH

25.

Glauben heißt nichts anderes
als die Unbegreiflichkeit Gottes aushalten.

26.

Sich für das Licht der Auferstehung entscheiden heißt:
Dem Dunkel, der Angst und dem Zweifel Grenzen setzen.

JOHANNES RIED

27.

Unser Herz wollte dich halten,
unsere Liebe dich umfangen.
Aber unser Verstand muss dich gehen lassen;
denn deine Kraft war zu Ende.
Deine Erlösung war Gnade.
Der Tod ist nur die uns zugewandte Seite jenes Ganzen,
dessen andere Seite Auferstehung heißt.

ROMANO GUARDINI

28.

Halte das Kreuz fest, dann hält das Kreuz dich fest.

KYRILLA SPIECKER

29.

Wir wollen nicht hoffnungslos trauern darüber,
dass wir ihn verloren haben,
sondern dankbar dafür sein,
dass wir ihn gehabt haben.

HIERONYMUS

30.

Lass mich sterben, mein Gott, dass ich lebe.

AUGUSTINUS

31.

Nicht der Tod wird mich holen,
sondern der gute Gott.

THERESIA VOM KINDE JESU

32.

Deinen Gläubigen, o Herr, wird das Leben gewandelt,
nicht genommen.

AUS DER PRÄFATION FÜR VERSTORBENE

33.

Wir sind nur Gast auf Erden.

»GOTTESLOB« 505

34.

Gegeben hast du uns ihn. Und er war unser Glück, o Gott.
Genommen hast du uns ihn und wir gaben ihn zurück.
Aber unser Herz ist voll Wehmut.

35.

Nicht verloren, nur vorangegangen.

MICHELANGELO

36.

Friedhöfe sind nur Kleiderablagen für die Ewigkeit.

ANDRÉ FROSSARD

37.

Wenn die Kraft versiegt,
die Sonne nicht mehr wärmt,
der Schmerz das Lächeln einholt –
dann ist der ewige Friede eine Erlösung.

38.

Ich bin zu jenen gegangen, die ich lieb hatte.
Und die ich liebe, erwarte ich.

39.

Der Tod ist kein Finale, sondern Ouvertüre –
nicht Endstation, sondern Durchgangsstation.
Denn wir glauben an den, der sagt:
Siehe, ich mache alles neu!

40.

Trennung ist wohl »Tod« zu nennen;
denn wer weiß, wohin wir gehen.
Tod ist nur ein kurzes Trennen
auf ein baldig Wiedersehen.

JOSEPH VON EICHENDORFF

41.

Als Gott sah,
dass ihm (ihr) das Atmen zu schwer,
die Hügel zu steil, die Wege zu lang wurden,
da legte er seinen Arm um ihn (sie) und sagte:
»Es ist nun gut; jetzt trage ich dich!«

42.

Ich träume von jener herrlichen Stadt,
in der die Menschen wie Freunde leben –
und alle Tränen getrocknet werden.

Ich träume von jenem Hochzeitsmahl,
bei dem Wasser zu Wein geworden –
und der Bräutigam selbst die Gläser füllt.

Ich träume von jenem ewigen Glück,
bei dem die Schatten des Todes schwinden –
denn Gott ist Sonne, Licht und Leben.

43.

Ostern ohne Karfreitag, ohne Leid,
ist eine Illusion.
Karfreitag ohne Ostern
wäre eine Katastrophe.

FRANZ BÖCKLE

44.

Leben heißt: Menschen und Dinge umarmen
und wieder loslassen –
damit sie grünen und blühen vor Gottes Angesicht.
Leben ist mehr als die Summe der Tage,
die Summe der Freude, die der Plage:
Leben ist Suchen und Tasten und Schreiten –
heißt im Letzten nur Wege bereiten.
Leben heißt: Alles ansehen als Gottes Gabe, als Sein Geschenk.
Nichts und niemanden besitzen.
Und loslassen können, um in Seine großen Hände zu fallen.

NACH PHIL BOSMANS UND KARL INGENERF

4. Totengebet / Totenwache

(Als Vorlage für den Einsatz in der Kirche verwendbar bzw. an die jeweilige Situation anpassen!)
Abkürzungen: GL = Katholisches Gebet- und Gesangbuch, Spr. = Sprecher oder Sprecherin.

a) Allgemein

Hinweis

Nur wenn genügend Personen teilnehmen, können auch Lieder gesungen werden.
Sonst können die Texte, eventuell auch in zwei Gruppen (= linke und rechte Seite), gesprochen werden.

Lied zu Beginn

Wir sind nur Gast auf Erden, 1–3 (GL 505)

Begrüßung

Im Namen des Vaters und des Sohnes und des Heiligen Geistes. Amen.
In dieser Stunde haben wir uns versammelt, um unserer Trauer Ausdruck zu verleihen. Wir möchten dabei für die Verstorbene/den Verstorbenen beten und sie/ihn Gottes Barmherzigkeit anvertrauen.

I. Auferstanden

Wir dürfen über den Horizont dieser Welt hinausblicken, weil Jesus Christus durch Kreuz und Auferstehung die Türen für unser eigentliches Leben in Gottes Herrlichkeit geöffnet hat.
Ein Dichter unserer Tage hat es in seinem »Lied zur Beerdigung« so ausgedrückt:

1. Spr.: Weder Tod noch Leben trennen uns von Gottes Liebe,
die in Jesus Christus ist

2. Spr.: Wenn ich gestorben bin
und verloren
wird man mich senken
in deine Erde

1. Spr.: Wenn ich verloren bin
und verlassen
wirst du mich halten
in deinen Händen

2. Spr.: Weder Tod noch Leben trennen uns von Gottes Liebe,
die in Jesus Christus ist

1. Spr.: Wenn ich verlassen bin
und vergessen
wirst du mich nennen
bei meinem Namen

2. Spr.: Wenn ich vergessen bin
und vergangen
wirst du mich bergen
in deiner Treue

1. Spr.: Weder Tod noch Leben trennen uns von Gottes Liebe,
die in Jesus Christus ist

LOTHAR ZENETTI

In der Bibel stehen dazu deutliche Sätze – schon aus der Zeit vor Jesus Christus. Wir hören aus dem Buch der Weisheit:
Weish 3,1–6.9a: Die Seelen der Gerechten sind in Gottes Hand …
(Vgl. Messlektionar VII, S. 415; Die Begräbnisfeier 200)

Deutlicher steht es bei Paulus im Brief an die Römer:
Röm 8,34–35.36–39: Was kann uns scheiden von der Liebe Christi …
(Vgl. Messlektionar VII, S. 449; Die Begräbnisfeier 220)

Oder:
Röm 6,3–4.8–9: Sind wir nun mit Christus gestorben, so glauben wir, dass wir auch mit ihm leben werden.
(Siehe: Messlektionar VII, S. 446,507; Die Begräbnisfeier 217)

Rosenkranzgebet

Wir beten ein *Gesätz* vom *Rosenkranz* mit dem Zusatz: »… *Jesus, der von den Toten auferstanden ist*«. Wir beten aber nur fünf Ave Maria:

Vater unser im Himmel,
geheiligt werde dein Name. Dein Reich komme.
Dein Wille geschehe, wie im Himmel so auf Erden.
Alle: Unser tägliches Brot gib uns heute.
Und vergib uns unsere Schuld,
wie auch wir vergeben unsern Schuldigern.
Und führe uns nicht in Versuchung,
sondern erlöse uns von dem Bösen. Amen.

(5-mal)
Gegrüßet seist du, Maria,
voll der Gnade, der Herr ist mit dir.
Du bist gebenedeit unter den Frauen,
und gebenedeit ist die Frucht deines Leibes, Jesus,
der von den Toten auferstanden ist.
Alle: Heilige Maria, Mutter Gottes, bitte für uns Sünder
jetzt und in der Stunde unseres Todes. Amen.

Abschluss

Ehre sei dem Vater und dem Sohn und dem Heiligen Geist.
Alle: Wie im Anfang, so auch jetzt und allezeit und in Ewigkeit. Amen.

Lied

Christ ist erstanden (GL 318)

II. Trauer und Zweifel

Wir brauchen uns der Tränen und der Zweifel nicht zu schämen. Aber wir dürfen dabei auf das große Plus des Kreuzes schauen: Mit unserem Glauben fällt es leichter, unsere Gefühle richtig auszurichten, ohne sie verdrängen zu wollen. Etwas davon können wir folgenden Gedanken entnehmen:

Hoffnung
Nein
ich bin meiner Sache nicht sicher
was das Ende betrifft
das Sterben das Grab das Vergehn
und den unaufhaltsamen Tod
der mich aufzehren wird
und austilgt für immer
daran ist kein Zweifel

Und doch bin ich manchmal nicht sicher
und zweifle am Augenschein
und denke nach
ob nicht doch etwas bleibt
von dem was ich war ob nicht doch
im grauen Geröll in dem Staub
in dem Tod eine Spur sich
unvergessen erhält
ob nicht doch einer ist
der mich ruft mit Namen vielleicht
der mir sagt dass ich bin
dass ich sein soll für immer
und leben werde mit ihm

Nein
ich bin meiner Sache nicht sicher
was das Ende betrifft und den Tod
gegen den Augenschein
hoff ich auf Ihn

LOTHAR ZENETTI

Oder:

Immerhin

Es könnte doch sein, dass es das gibt,
sagt, was ihr wollt:

Ein Erbarmen, das mich hält;
das mich trägt von jeher.
Ein Erbarmen, in das ich mich
bergen kann jederzeit.

Sagt, was ihr wollt,
es könnte doch sein, dass es das gibt:

Dass einer da ist, der ja zu mir sagt,
der in mir atmet,
dessen Herz in mir schlägt,
der macht, dass ich bin.

Es könnte doch sein, dass es das gibt,
sagt, was ihr wollt.

LOTHAR ZENETTI

Evangelium

Die Bibel, das Buch der Bücher, sagt uns klar mit den Worten Jesu: Trauert nicht endlos. Denn einer wird sagen oder sagt – auch einmal zu uns: »Steh auf!« Da heißt es im Evangelium nach Lukas:

Lk 7,11–17: Die Auferweckung des Jünglings von Naïn.
(Siehe: Messlektionar VII, S. 477, Die Begräbnisfeier S. 263)

Rosenkranzgebet

Weil Jesus uns in seinem Kreuzestod die Rätsel der Welt gelöst hat, wenn wir sie auch immer noch kaum durchschauen können, beten wir das *Gesätz* vom Rosenkranz: »... *Jesus, der für uns gekreuzigt worden ist«:*

Vater unser im Himmel,
geheiligt werde dein Name. Dein Reich komme.
Dein Wille geschehe, wie im Himmel so auf Erden.
Alle: Unser tägliches Brot gib uns heute.
Und vergib uns unsere Schuld,
wie auch wir vergeben unsern Schuldigern.
Und führe uns nicht in Versuchung,
sondern erlöse uns von dem Bösen. Amen.

(5-mal)
Gegrüßet seist du, Maria,
voll der Gnade, der Herr ist mit dir.
Du bist gebenedeit unter den Frauen,
und gebenedeit ist die Frucht deines Leibes, Jesus,
der für uns gekreuzigt worden ist.
Alle: Heilige Maria, Mutter Gottes, bitte für uns Sünder
jetzt und in der Stunde unseres Todes. Amen.

Abschluss

Ehre sei dem Vater und dem Sohn und dem Heiligen Geist.
Alle: Wie im Anfang, so auch jetzt und allezeit und in Ewigkeit. Amen.

Lied

Von guten Mächten (GL 430)

III. Gestärkt in die Zukunft gehen

Der Tod liegt auch noch vor uns. Diese Stunde der Trauer und des Gedenkens an die/den Tote/n ist auch für uns eine Chance, anders weiterzuleben.

Keiner kann etwas beweisen: weder, dass es mit dem Tod aus ist, noch, dass es nach dem Tod weitergeht. Aber wir dürfen positiv denken und uns an Jesus Christus und am Vater im Himmel festhalten. So können wir beten:

1. Spr.: Hab keine Angst, denn ich erlöse dich.
Ich rufe dich beim Namen, du bist mein.

2. Spr.: Für diese Welt ist ein Leben zu Ende,
für den, der glaubt, hat ein Leben begonnen.
Jetzt weinen wir, da wir ihn nicht mehr haben,
der unser war und den wir nicht mehr sehen.

1. Spr.: Wir suchen ihn bei dem Schöpfer des Lebens,
denn er hat uns diesen Menschen gegeben.
Er gab ihn uns und er hat ihn genommen,
wir danken Gott, dass er unser gewesen.

2. Spr.: Hab keine Angst, denn ich erlöse dich.
Ich rufe dich beim Namen, du bist mein.

1. Spr.: Auch wer da stirbt, bleibt in unserer Mitte,
er geht voraus, und wir werden ihm folgen.
So sterben wir, um verwandelt zu werden,
und unser Gott wird uns rufen zum Leben.

2. Spr.: Hab keine Angst, denn ich erlöse dich.
Ich rufe dich beim Namen, mein bist du.

LOTHAR ZENETTI

Oder:
Wir beten abwechselnd im Vertrauen auf Gott: »Der Herr ist mein Hirt …« (GL 37)

Rosenkranzgebet
Wir greifen zum Schluss noch einmal nach den Perlen des Gebetes. Der Maria in den Himmel holte, kann auch uns an die Hand nehmen. Wir beten das *Gesätz*: *»… Jesus, der dich, o Jungfrau, in den Himmel aufgenommen hat«.*

Vater unser im Himmel,
geheiligt werde dein Name. Dein Reich komme.
Dein Wille geschehe, wie im Himmel so auf Erden.
Alle: Unser tägliches Brot gib uns heute.
Und vergib uns unsere Schuld,
wie auch wir vergeben unsern Schuldigern.
Und führe uns nicht in Versuchung,
sondern erlöse uns von dem Bösen. Amen.

(5-mal!)
Gegrüßet seist du, Maria,
voll der Gnade, der Herr ist mit dir.
Du bist gebenedeit unter den Frauen,
und gebenedeit ist die Frucht deines Leibes, Jesus,
der dich, o Jungfrau, in den Himmel aufgenommen hat.
Alle: Heilige Maria, Mutter Gottes, bitte für uns Sünder
jetzt und in der Stunde unseres Todes. Amen.

Abschluss
Ehre sei dem Vater und dem Sohn und dem Heiligen Geist.
Alle: Wie im Anfang, so auch jetzt und allezeit und in Ewigkeit. Amen.

Segen
So segne die Verstorbene/den Verstorbenen und uns der barmherzige Gott: der Vater und der Sohn und der Heilige Geist.

Entlassgruß
Gehet hin in Frieden!
Alle: Dank sei Gott, dem Herrn.

Eventuell Schlusslied
Maria, breit den Mantel aus (GL 534)

b) Bei einem plötzlichen Tod

Hinweise
Geeignete Bilder, die ein Kreuz zeigen. Das Kreuz, nach rechts oder links gedreht, wird zum X, das all unsere Pläne durchkreuzt. Wer aber lange genug hinschaut, kann das große Plus erkennen, das uns im Kreuz geschenkt ist.
Bitte kürzen: In der Ihnen hier vorliegenden Fassung dauert der Gottesdienst ca. 40 Minuten (ohne Alternativen).

Lied zu Beginn
Wohin soll ich mich wenden (Schubert-Messe)
Wir sind nur Gast auf Erden, Str. 1–3 (GL 505)
Christ ist erstanden (GL 318, 1–3)

Begrüßung
Im Namen des Vaters …
In dieser Stunde der Trauer haben wir uns versammelt, um mit unserer Ohnmacht vor der Macht des Todes ein wenig besser fertigzuwerden. Das gelingt am besten, wenn wir dabei – inmitten all unserer Zweifel an einem barmherzigen Vater – doch auf Gott schauen.

I. Die Tränen

Wir brauchen uns der Tränen nicht zu schämen. Wir dürfen die Trauer auch nicht mit dem Glauben abkürzen wollen. Aber wir können mit dem Glauben anders durch die Trauer hindurchgehen.
Immer wenn wir weinen, können wir darüber nachdenken: Sind es Tränen der Bestürzung und des Schocks? Also Tränen über uns selbst? Sind es Tränen über einen Menschen, der uns sehr nahestand und den wir jetzt nicht mehr unter uns haben? Oder sind es Tränen über N. und N., die jetzt mit einem leeren Platz an ihrer Seite fertigwerden müssen?
Es ist wichtig, dass wir weinen können – das gilt auch für Männer! Dazu die Gedanken der im Jahre 2003 verstorbenen Theologin Dorothee Sölle:

> Schenk mir die Gabe der Tränen, Gott!
> Wasche meine falsche Erziehung ab,
> damit ich mich nicht mehr meiner Tränen schäme.
> Lass mich nicht mehr alles verschweigen.
>
> Wie kann ich trösten, wenn ich vergessen habe,
> warum und wie man weint?
> Schenke mir die Worte, den zu erreichen,
> der neben mir weint.

Auch der Volksmund weiß schon aus Erfahrung:

> Augen, die geweint haben, sehen besser. – *Stille*
> Tränen zerbrechen die Mauern des Schweigens. – *Stille*
>
> Die Seele würde keinen Regenbogen haben,
> hätten die Augen keine Tränen. – *Stille*
> Darum, Herr, schenke mir die Gabe der Tränen! – *Stille*

Rosenkranzgebet

Wir beten für alle, die mit einem Leid nicht fertigwerden können, *das Gesätz vom schmerzhaften Rosenkranz* mit dem Zusatz: *»… der für uns Blut geschwitzt hat«.* Wir beten fünf Ave Maria.

Vater unser im Himmel,
geheiligt werde dein Name. Dein Reich komme.
Dein Wille geschehe, wie im Himmel so auf Erden.
Alle: Unser tägliches Brot gib uns heute.
Und vergib uns unsere Schuld,
wie auch wir vergeben unsern Schuldigern.
Und führe uns nicht in Versuchung,
sondern erlöse uns von dem Bösen. Amen.

Gegrüßet seist du, Maria,
voll der Gnade, der Herr ist mit dir.
Du bist gebenedeit unter den Frauen,
und gebenedeit ist die Frucht deines Leibes, Jesus,
der für uns Blut geschwitzt hat.
Alle: Heilige Maria, Mutter Gottes, bitte für uns Sünder
jetzt und in der Stunde unseres Todes. Amen.

Abschluss

Ehre sei dem Vater und dem Sohn und dem Heiligen Geist.
Alle: Wie im Anfang, so auch jetzt und allezeit und in Ewigkeit. Amen.

Lied

Mitten wir im Leben sind (GL 503)

II. Betroffen vom plötzlichen Tod

Wir alle sind betroffen vom plötzlichen Tod des/der N. N. Es fällt uns schwer, jetzt an einen gnädigen Gott zu glauben. In einem Liedtext (Kurt Marti/Armin Juhre) heißt es:

»Manchmal kennen wir Gottes Willen, manchmal kennen wir nichts. Erleuchte uns, Herr, wenn die Fragen kommen. – Manchmal sehen wir Gottes Zukunft, manchmal sehen wir nichts. Bewahre uns, Herr, wenn die Zweifel kommen.« Und: »Begleite uns, wenn die Ängste kommen«. Auch Jesus hat solche Ängste erfahren:

Evangelium

Lk 22,39–44: Jesus betet am Ölberg voller Angst zum Vater.
– *Stille* –

Es ist schwer für jeden Menschen, sich in den Willen Gottes zu fügen: Wir beten gemeinsam aus dem Gotteslob die Nr. 422: Ich steh vor dir …, Str. 1–3

Lied

Herr, gib uns Mut (GL 448)

Rosenkranzgebet

Wir beten das *Gesätz vom schmerzhaften Rosenkranz: »… der für uns das schwere Kreuz getragen hat«.*

Vater unser im Himmel,
geheiligt werde dein Name. Dein Reich komme.
Dein Wille geschehe, wie im Himmel so auf Erden.
Alle: Unser tägliches Brot gib uns heute.
Und vergib uns unsere Schuld,
wie auch wir vergeben unsern Schuldigern.
Und führe uns nicht in Versuchung,
sondern erlöse uns von dem Bösen. Amen.

(5-mal)
Gegrüßet seist du, Maria,
voll der Gnade, der Herr ist mit dir.
Du bist gebenedeit unter den Frauen,

und gebenedeit ist die Frucht deines Leibes, Jesus,
der für uns das schwere Kreuz getragen hat.
Alle: Heilige Maria, Mutter Gottes, bitte für uns Sünder
jetzt und in der Stunde unseres Todes. Amen.

Abschluss
Ehre sei dem Vater und dem Sohn und dem Heiligen Geist.
Alle: Wie im Anfang, so auch jetzt und allezeit und in Ewigkeit. Amen.

III. Wir glauben an die Auferstehung

Die/der Verstorbene könnte sprechen, wie wir es manchmal auf Todesanzeigen lesen:

Ich bin in das Zimmer nebenan gegangen.
Das, was ich für euch war, bin ich immer noch.
Gebt mir den Namen, den ihr mir gegeben habt.
Sprecht mit mir, wie ihr es immer getan habt.
Gebraucht nie eine andere Redeweise,
seid nicht feierlich oder traurig;
lacht weiter über das, worüber wir gemeinsam gelacht haben.
Betet, lacht, denkt an mich!
Warum soll ich nicht mehr in euren Gedanken sein,
nur weil ich nicht mehr in eurem Blickfeld bin?
Ich bin nicht weit weg.
Ich bin nur auf der anderen Seite des Weges.
CHARLES PÉGUY

Unser Glaube bestärkt das. Wir lesen schon im Buch der Weisheit, das vor Jesus niedergeschrieben wurde:
Weish 3,1–6.9a: Die Seelen der Gerechten sind in Gottes Hand …
(Vgl. Messlektionar VII, S. 415)

Deutlicher steht es bei Paulus im Brief an die Römer:
Röm 8,34–35.36–39: Was kann uns scheiden von der Liebe Christi …

Oder:
Röm 6,3–4.8: Sind wir nun mit Christus gestorben, so glauben wir, dass wir auch mit ihm leben werden.

(Vgl. Messlektionar VII, S. 445; Die Begräbnisfeier, S. 216)

(Wir beten abwechselnd aus dem Gotteslob die Nr. 37: »Der Herr ist mein Hirte …«)

Rosenkranzgebet
Wir beten das *erste Gesätz vom glorreichen Rosenkranz: »… der von den Toten auferstanden ist«.*

Vater unser im Himmel,
geheiligt werde dein Name. Dein Reich komme.
Dein Wille geschehe, wie im Himmel so auf Erden.
Alle: Unser tägliches Brot gib uns heute.
Und vergib uns unsere Schuld,
wie auch wir vergeben unsern Schuldigern.
Und führe uns nicht in Versuchung,
sondern erlöse uns von dem Bösen. Amen.

(5-mal)
Gegrüßet seist du, Maria,
voll der Gnade, der Herr ist mit dir.
Du bist gebenedeit unter den Frauen,
und gebenedeit ist die Frucht deines Leibes, Jesus,
der von den Toten auferstanden ist.
Alle: Heilige Maria, Mutter Gottes, bitte für uns Sünder
jetzt und in der Stunde unseres Todes. Amen.

Abschluss
Ehre sei dem Vater und dem Sohn und dem Heiligen Geist.
Alle: Wie im Anfang, so auch jetzt und allezeit und in Ewigkeit. Amen.

Lied

Von guten Mächten, Str. 1 u. 2 (GL 430)

V. Es aushalten und durchhalten

Dietrich Bonhoeffer, von dem wir eben ein im Angesicht des Todes geschriebenes Glaubensbekenntnis gesungen haben, sagt an einer anderen Stelle in seinen Schriften: »Es gibt nichts, was uns die Abwesenheit eines lieben Menschen ersetzen kann, und man soll das auch gar nicht versuchen. Man muss es einfach aushalten und durchhalten. Das klingt zunächst sehr hart, aber es ist doch zugleich ein großer Trost; denn indem die Lücke wirklich unausgefüllt bleibt, bleibt man durch sie miteinander verbunden. Es ist verkehrt, wenn man sagt, Gott füllt die Lücke aus; er füllt sie gar nicht aus, sondern er hält sie vielmehr gerade unausgefüllt und hilft uns dadurch, unsere echte Gemeinschaft miteinander – wenn auch unter Schmerzen – zu bewahren.« (Aus: »Widerstand und Ergebung«) – *Stille.*

Wir können leichter durchhalten mit dem Blick auf das, was uns versprochen ist. Es steht im letzten Buch der Bibel:

Ich hörte eine laute Stimme vom Thron her rufen: Er wird alle Tränen von ihren Augen abwischen: Der Tod wird nicht mehr sein, keine Trauer, keine Klage, keine Mühsal. Denn was früher war, ist vergangen.

Er, der auf dem Thron saß, sprach: Seht, ich mache alles neu. Ich bin das Alpha und das Omega, der Anfang und das Ende. Wer durstig ist, den werde ich umsonst aus der Quelle trinken lassen, aus der das Wasser des Lebens strömt. Wer siegt, wird dies als Anteil erhalten: Ich werde sein Gott sein, und er wird mein Sohn (meine Tochter) sein. (nach Offb 21,3–7)

Lied

Christ ist erstanden (GL 318)

oder ein Marienlied: Maria, breit den Mantel aus (GL 534)

Segen

So segne die/den Verstorbene/n und uns der barmherzige Gott: der Vater und der Sohn und der Heilige Geist. Amen.

Entlassgruß

Gehet hin in Frieden.

Alle: Dank sei Gott, dem Herrn.

5. Register der eingesetzten Symbole und Motive

Die Zahlen beziehen sich auf die *Nummern* der Ansprachen.

6. Schriftstellenverzeichnis

Die Zahlen beziehen sich auf die *Nummern* der Ansprachen.

Quellennachweis

Trotz aller Bemühungen gelang es nicht immer, eine genaue Quelle ausfindig zu machen. Für eventuelle Hinweise sind wir dankbar.

S. 144: Lothar Zenetti, Auf die Frage, aus: Ders., Auf Seiner Spur. Texte gläubiger Zuversicht, Topos plus 327
© Matthias Grünewald Verlag. Verlagsgruppe Patmos in der Schwabenverlag AG, Ostfildern, 4. Auflage 2006, S. 148.
www.verlagsgruppe-patmos.de

S. 164: Lothar Zenetti, Lied zur Beerdigung, aus: Ders., Auf Seiner Spur. Texte gläubiger Zuversicht, Topos plus 327
© Matthias Grünewald Verlag. Verlagsgruppe Patmos in der Schwabenverlag AG, Ostfildern, 4. Auflage 2006, S. 194.
www.verlagsgruppe-patmos.de

S. 166: Lothar Zenetti, Hoffnung, aus: Ders. Auf Seiner Spur, Texte gläubiger Zuversicht, Topos plus 327
© Matthias Grünewald Verlag. Verlagsgruppe Patmos in der Schwabenverlag AG, Ostfildern, 4. Auflage 2006, S. 187.
www.verlagsgruppe-patmos.de

S. 167: Lothar Zenetti, Immerhin, aus: Ders., In Seiner Nähe. Texte des Vertrauens, Topos plus 431,
© Matthias Grünewald Verlag. Verlagsgruppe Patmos in der Schwabenverlag AG, Ostfildern 2002, S. 10.
www.verlagsgruppe-patmos.de

S. 169: Lothar Zenetti, Hab keine Angst, aus: Ders., Auf Seiner Spur. Texte gläubiger Zuversicht, Topos plus 327
© Matthias Grünewald Verlag. Verlagsgruppe Patmos in der Schwabenverlag AG, Ostfildern, 4. Auflage 2006, S. 196.
www.verlagsgruppe-patmos.de

Zeichnungen: S. 24, 31, 33, 41, 42, 44, 48, 50, 66, 68, 74, 76, 90, 95, 102, 120: Marina Schlang, S. 25, 51, 65: Marianne Breuer, S. 39, 55, 59, 69, 94, 98, 118, 127: Karl Heinz Hamacher